こどものスモールトラウマのためにできること

内面で何が起きているのか

スッダ・クドゥバ 著
穂積由利子 訳

CHILDHOOD MATTERS:
HOW WE ADULTS INTERACT
WITH KIDS MAKES A BIG DIFFERENCE
BY SUDHA KUDVA

春秋社

私がこれまでセラピーを行ったすべてのこどもたちへ、また、内なるこどもとつながるために私のもとを訪れてくれたすべての勇気ある方たちに本書を捧げます。みなさんは自分が何者かを知っています。ありがとうございます。

特にひとりのこども、「Hさん」は、私が考えてもいなかった方法で、広く大人に働きかける勇気をふるい起こさせてくれました。ありがとう。

私の愛する友「宇宙」へ、私たちは親しくなりました。

私自身を理解して変化のプロセスを信頼するという内面の旅から、この本が生まれることになるとは、私は予想もしていませんでした。

どうか本書が多くの人の手に届きますように。

心から、深い感謝を込めて——

序文

プレイセラピー インターナショナル会長
モニカ・ジェフコット

「人類の最も偉大な資源は、私たちのこどもの心です」。ウォルト・ディズニーはよくこのように話していたと言われます。しかし今、経済的に発展しているほとんどの国々で、二割にのぼるこどもたちにプレイセラピーあるいはクリエイティブ・アートセラピーによる治療が必要な症状が見られるのが現状です。さらに、このうちの約半数のこどもたちが精神的問題を抱えていると診断されています。ＡＤＨＤや自閉症については広く知られていますが、最も頻繁に起きているのは家族関係の問題で、愛着に関する問題も高い頻度で起きています。

　こどもの人生に変化を起こすことができる最も重要な人物は両親です。親たちが、自分のこどもたちの心に対して責任があることに気づき、シンプルなアドバイスに従って行動すれば、問題が根を張るのをかなり防ぐことができます。

『こどものスモールトラウマのためにできること――内面で何が起きているのか（原題 *Childhood Matters*：こども時代が大切）』は、私たちが必要としている賢明なアドバイスを与えてくれます。こどもの脳の構造・構成・働きは、どこに生まれても、どんな状況で生まれたこどもでも同じです。一人ひとり違っているのは心で、それは脳が受けた刺激によるものです。そしてこれらの刺激のほとんどは、こども時代、そして誕生前に両親から与えられているのです。

著者のスッダ・クドゥバは、心理学と神経生理学の用語を平明な言葉を使って解釈しました。さらにイラストを取り入れたことでたいへんわかりやすい内容になっています。神経科学の最近の発見と昔からの価値［訳註：人を尊敬する］が統合された本書は、両親のみならず、祖父母、叔父や叔母にあたる方にとっても学ぶところが大きいでしょう。

本書の重要なテーマは「リスペクト」です。たいていの親はこどもから敬意を払われることを望みますが、こどもに敬意を払う親はほとんどいません。しかしリスペクトされることはこどもたちの権利です。彼らは人類の未来そのものなのです。お互いに敬意を払うこと、それはヒーリングが起きるための基本です。

はじめに――どうしてこども時代が大切なのか

こどもの心理について書いた本は、今、数え切れないほど出版されています。この状況にもう一冊を加える必要があるのか、本書に取りかかる前に、自分の意図をつぎのように考えました。

私は自分をこどもの代弁者だと考えています。これまで何千時間もカウンセリングをしてきてわかったのは、大人がこどもに敬意を払い共感し思いやりを示すと、彼らが変わることでした。こどもたちは、自分が決めたことに責任を持ちはじめ、大きな変化が出てきます。行動が改善されます。集中力が増します。他の人との関わり方も改善していきます。

この本は、こどもの幸せを心から願っている大人に読んでいただけるようにわかりやすく書きました。同時に、私がふれあったこどもたちの声を届けるものでもあります。

第Ⅰ部「こどもの脳と大人の脳は異なる」では、こどもの脳の心理学を扱います。ここではこどもが人から受け入れられることで脳がどのように豊かに成長するか、反対に、日常的に大人が彼らを無視して上から目線の関わり方をすると、どのように、脳の健康的な発達の機会が失われるかについて述べました。

第Ⅱ部「こどもたちとの関わり方」では、大人がこどもたちを無条件に受け入れていることを示す方法（大人がやめるべき方法も）を説明します。ここでは紹介する方法を実際に試していただけるようにイラストを加えました。

第Ⅲ部「私たちはどんな人間になるか」では、受容と自己受容に向かって進む大人やこどもの例をあげて、こども時代の傾向が大人になってからの生活に広く影響を与えることを説明します。

この本で特に取り上げるのは、こどもの内側です。こどもでも大人でも、どういう思考を持つか、そして思考がどのような影響を及ぼすかついては、すでに多くの本が書かれています。しかし、平易な言葉でこどもの内面世界について述べている本は、ほとんど見当たりません。

本書のテーマを簡単に述べるとつぎのようなものになります。

人類の進化の過程は、身体と精神に緊密な関係があることを示しています。私たちは誰でも、外界の出来事に反応して情動（emotion）と感情（feeling）と感覚（sensation）の混乱を体験します。こどもたちはこの混乱を大人よりも敏感に体験します。混乱が起きるとたいていの場合、頭がいっぱいになり、困惑し、不安定になります。

大人が、こどもたちのこうした混乱状態を否定しないで、こどもと一緒にいることでこどもが情動の混乱を解きほぐすのを手助けできれば、あるいは、努力しなさい、落ち着きなさい、泣くのをやめなさい、などと言わないようにすることができれば、こどもたちは、混乱したときに大人に助けを求めていいとわかるでしょう。

また、このような態度を大人がとることは、混乱に対処する方法をこども自身が見つけるのに協力することになります。大人の側が格別な努力をしなくても、こどもの混乱はゆっくりと消えていくでしょう。そうなって初めて、私たち大人は、こども自身が、起きたことについて内省するように手助けすることが可能になります。

こどもたちは、大人からのこうしたサポートによって安心し、また大人から受け入れられたと感じて安心します。その結果、自然に、「不適切」な行動を手放して、健全な価値観とウェルビーイングに引き寄せられます。そしてみずから進んで、自分が属する家族や地域社会の一員になろうとします。今、自分の子育てを正直に振り返ると、私が子育てをしていた時代にこうした情報があったらと悔しく思います。

あの頃に今の知識を持っていたら、私が子育てで直面した、こどもたちからの「たくさんの挑戦」に対して、違った対応ができたでしょう。

「伝統どおりの」しつけと「伝統どおりの」関わり方をこどもにしていた私は、自分が望むような結果にならないのが不思議で、わけがわかりませんでした。こどもを自分に近づけようとしているはずなのに、こどもは私から遠ざかっていくばかりでした。

そこで私は、自分のこどもに対する関わり方、こどもと自分の距離を広げる自分自身の微妙なメッセージを理解するために、内面を探りはじめました。

つまり、外の世界から自分の内側へと軸足を移したのです。それまでの私は、外の世界を少しでも良いものにしようとして仕事をしはじめ、人を助けることでは一応の成功を収めました。しかし、内面を見つめて、自分の、人との関わり方や会話の仕方を見直すのは、外側の社会を正すことよりずっと難しい作業でした。現実には、自分が変えることができる相手は自分だけです。

自分自身と自分の行動を理解する仕事は今も進行中です。自分を知ること、そして自分が人（こどもと大人）に与える影響を理解することは、私の生きがいになりました。

私は今、一九七九年に大学院修士課程（生化学を専攻）を修了したときには想像もしなかった道を歩いています。

そして、現在自分が手にしている知識のことを考えると、自分のこどもたちに深い感謝と賞賛を感じます。子育て中、彼らは反抗していたかもしれません、でなければ寛大に私を扱ってくれたのだと思います。私はベストを尽くしてはいましたが、ときに母親として足りない自分を感じました。しかしほかにどうしたらいいかわかりませんでした。

こどもたちは私の友人となることを選んでくれました。本当にありがとう。あなたたちが過去・現在の私をそのまま受け入れる大きなハートを持ってくれたことに感謝します。あなたたちが私を受け入れたように、私があなた方を受け入れていますように。

私は自分を理解しようとして、レイキや奇跡のコース、ヴィパッサナー瞑想、多様性の中のつながり、チャクラ、エモーショナル・フリーダム・テクニック、ハートメタなどを学び、カウンセラーになって、大人対象のセラピーをはじめました。

その後、こどもを対象とするプレイセラピーを学んで、軽い問題から重篤な問題まで扱ったあと、この分野の訓練生をスーパーバイズする立場になりました。その後も親子関係遊戯療法の一つであるセラプレイやエモーション・フォーカスト・カップルセラピーを学び、現在は、個人、カップル、家族、こどもを対象としたワークを行っています。

さらに、催眠療法、神経言語プログラミング（NLP）、前世療法（PLRT）、眼球運動による脱感作と再処理（EMDR）などを学び、セラピーに取り入れています。

ところですでに述べたように、私はもともと生化学出身で、最初の二つの修士号を生化学で取得しました。科学は量的面が重視されます。そこでは問題に明確な回答を見つけることを目指し、それを系統的な方法で探ろうとします。

こうした背景から私は最初、心理学を科学の範疇には入らないと考え、あいまいな分野だと見ていました。

心理学ではつぎのような言い方がふつうに使われます。「この問題は……から来ている可能性があります……そうでなければ……から来ているかもしれません……、これは……のようです、おそらく……でしょう、もし他の可能性がなければ……」

私はこの概念に反抗しました。それは私が求めていた確信の度合いにはほど遠く、無力感を深めるものでしかなかったからです。

こうした心理学世界を理解するには、本から得られる知識だけでは足りないと思いました。プレイセラピー（遊びを通じて治療するこども対象のセラピー）などの実際の効果を理解するために、データと実体験が必要でした。

そこで、ボランティアのセラピストとして四年間、地域の学校に出かけていって、こどもたちに会い、合計一〇〇〇時間以上のワークを行いました。その結果、こどもには受容とつながりが「必要である」という考えを裏付ける十分な証拠を得ることができました。

この時期、私を辛抱づよく見守り続けてくれた夫に深く感謝しています。

多くのこどもとの体験から、私はプレイセラピーの効果を確信しました。そしてセラピーの過程に両親や両親に準じる大人が加わると効果が上がることもわかりました。こどもがまわりの世界をどう感知しているか、こどもの内面を理解しはじめました。

大人は、こどもの行動面にしか注目せず、こどもの行動がどこから来たのかについて、推測して結論づけています。

しかし、私がわかったのは、こどもの行動は内面の反映だということでした。こどもたちの行動は、こどもが受け入れられていると感じているか、それとも拒絶されていると感じているか、それを物っているのです。

彼らの行動は、頑固だ、怠惰だ、強情だ、不注意だ、自分勝手だ、よこしまだ、言うことを聞かない、ということを表現しているのではありません。

私は、こどものためなら「どんなことでも」しようとする大人にたびたび遭遇しました。

その人たちは皆、心底こどものためを思っていました。しかし繰り返し自分の善意をこどもに誤解されるために、自分にはそんな力がないと感じて、それがこどもとの衝突を生んでいました。

私は、そういう人に対して、こどもの行動を理解できるように、そして両者の溝を埋めるスキルを身につけるように、大人対象のワークも行いました。そこにはつねに笑いと涙がありました。

こどもたちのまわりにいる、ご両親、保護者、教師、祖父母、おじさんやおばさんなど、多くの大人に、こどもたちの声が届くことを願っています。

本書の大きな目的は、ふだん私たちがこどもと関わるときに、どういう話し方・ふれあい方をすれば、こどもが大人の思いや考えを正しく理解するか、そのことをお伝えすることです。

はじめの数章は、こどもに敬意を払うことについて説明します。そして、大人の手助けという足場をこどもに与えながら年齢にふさわしい決断をさせることについても述べます。この過程は、こどもに心から安全だと感じてもらうための重要な部分です。

もしもこれとは逆に、こどもの情動と感情と感覚の混乱を軽視して、こどもたちに、どのように、いつ、どこで、行動するべきかなどを指示するなら、思いもしない結果を招くでしょう。

ここで親たちが打ち明けてくれた話を紹介しましょう。中には読者が共鳴するものがあると思います。それは、私たちが、こどものまわりにいる大人として、こどもたちとのつながりという共通点を持っているからです。

ここに紹介するような状況がどういうふうに起きるのかについては、本書を読まれるに従って理解していただけると思います。また、親として、祖父母として、教育者として、教師として、メンターとして、おじやおばとして、友人として、何ができるか、何を避けるべきかについても理解されるでしょう。

ただし、あなたのまわりにここで紹介することと似た状況がある場合、それはたんなる偶然であることをお断りしておきます（もちろん、現実だと私が述べている場合をのぞいてです）。

カウンセリングで繰り返し聞いたのはつぎのような話です。

「私の息子はずっと、『ぼくはあんたが大嫌いだ、大嫌いだ』と言い続けています。それもたんに、彼があるアイスクリームを食べたいと言ったときに、それを与えなかったという理由で……私は自分がちっぽけになったように感じます。五歳のこどもに拒否されていると感じます……ええ、彼の言うことを深刻に受け止めてはいけないってことは知っています、でもどうしてもそう感じてしまいます。私は自分が、息子とよりも、娘と話したいと気づきます。それでどうなるかわかりますか……息子の状態は悪くなります。どうしたらこのパターンを止められるでしょうか」

「私はベストを尽くしています。最新のアイフォン、コンピュータを与えて、娘が望む最高の課外活動に行かせています。こどもにこうしたものを与えるために自分のことはほとんど無視しています。たとえば、携帯電話でも、コンピュータでも私はなんでも古いのを持っています、でも気になりません。何が私を傷つけるかというと、娘が、私が彼女を大事にしていないって言うことです。もっとひどいのは、娘を大事にしたことがないって言われるんです」

「私は、息子が幸せになるならなんでもしようと思いますし、自分にできることなら何でもしています。それなのに、昨日、どうして彼は私に、「全部終わらせられたらいいのに！」などと言ったのでしょうか？　私は怖いです。息子は私を脅そうとしているんでしょうか、操作しているんでしょうか、それともこの感情は本物でしょうか？　彼を助けられるならどんなに大変なことでもします。何をしなければならないのか教えてください」

「前は、短期間ですが彼女のおもちゃを没収していました。それで行動は良くなるようでした。でも今はそのやり方は役に立ちません。先月、彼女のお気に入りのおもちゃを取り上げました。それを彼女に返したとき、すでに彼女はほしいと思っていないようでした。今度はどうしたらいいでしょう？」

「どうして息子は、算数／科学／国語の勉強で助けが必要なときに、私のところに来ないんでしょうか？　彼は自分でできると言いますが、結果は……成績はいまいちです」

「こどもというものは喜びと楽しみをもたらすものですね。でも私は、こどもに家を出てほしいと思うことがたびたびあります。それで罪悪感をおぼえて、そういう考えを持つ自分を憎みます。他の親もそういう考えを持つのでしょうか？　それとも私はたんに悪い母親なのでしょうか？」

ここに紹介した例には、どれも希望があります。こどもの内面を理解して、ふだんの生活の中でこどもを受け入れる、敬意を払う、思いやるとはどういうものかを学ぶにつれて、どの人も内面が落ち着いて満足感が広がっていくでしょう。

　これまで私がふれあい、会話をする機会を与えられた大勢のこどもたちの声が、多くの方たちに届きますように。そして、すべてのこどもたちが、受容と敬意と思いやりが必要なすべての人と同様に、彼らが望む方法で認められ、理解されることを、心から願っています。

邦訳版によせて――有害な生活体験、スモール・t・トラウマ、発達性トラウマ

私たちは、誰かとふれあうたびに、何かに関わるたびに、何かしら、内面的な体験をします。そのときに起きる体験は、つぎのどちらかに当てはまります。

・「安心……一体感」
結果――信頼することができる。そのために、他の人と再び関わりたい、その活動を再びしたいと思う。なぜなら、その体験が、健全な自己感覚や一体感という気持ちの良い後味を残したから。

・「漠然とした不安感」
結果――信頼することが難しい。そのために、相手と再び関わることに、内面で一定の抵抗や緊張がある。なぜなら、その体験が、無能感、孤立感、無力感という不愉快な後味を残したから。

またそのような体験は、どんなことであっても、一つひとつが、一つの記憶を作るか、あるいは、内面にすでにある、同じような主題《テーマ》を持つ記憶に新たな記憶を加えることになります。概してこの主題《テーマ》は、「信頼できるか否か」、ということです。「信頼」が起きると、私たちは、自分とまわりの世界を気持ちよく感じます。「信頼」が起きないと、内面に、ある種の「誰ともつながっていない感じ、

孤独感、無力感」が広がるでしょう。私たちは、自分の中で、これが起きていることを、知ってさえいないかもしれません、また理解していないかもしれません。

私たち大人は、善意でこどもたちと相互作用をしているかもしれませんが、まったく意識しないで、前段落で述べた、二番目の体験をこどもたちの内面に起こしている可能性があります。そして、つながりが感じられないという感情を生み出している体験は、普段の生活の中でしばしば起きていても、かんたんにそれとわからなくなります。そのような体験の一つの例として、個人間の衝突や、力の張り合い、感情面のいじめ、感情の無視などで起きる、目に見えない屈辱体験があります。普段の生活で起きているこうした出来事は、本質的には、生命を脅かすものではありません。しかし当人にとっては、その瞬間に温かさやつながりを受け取るかわりに、無能感や無力感を受け取ったことになります。

これらの、「(当人の) 健全な生活と成長を阻む、有害な人生体験：Adverse life experiences = ＡＬＥ」は、つぎのように、「正当化」される傾向があるため簡単に見落とされます。

・そんなこと、誰にでも、毎日起きていることだわ。
・自分から、あまり大げさにしてはいけない。
・自分が、もっと注意するべきだった。
・私がああしなかったら、こんなことは起きなかったのに。
・つぎのときは、もっと注意深くならないと。

……など

そしてその場合、自分の行動に対して、理屈を使って(頭で)、自分や他の人を責める、あるいは屈辱を与えるのが通例です（例：私は大げさすぎる、私は騒ぎすぎる、彼は理屈が通らない、彼女は馬鹿げている……等々）。

ここにあげた例は、内面をもっと深く探ることを巧みに避けていると言えます。これが起きる理由は、内面を深く探ろうとしたときに起きる苦痛を、理解したり対応したりするための手助けがないからです。時がたつうちに、その人（こどもでも大人であっても）は、同じような出来事や状況が起きたとき、自分がどれだけ不安になるかに気づくこともなくなるでしょう。

こうした体験自体は、著しい苦痛につながることはありません。しかし、それが多数蓄積して状態を悪化させると、情動的な機能不全につながる危険があります。長期にわたって何度もＡＬＥが起きる場合も、ごく短期間に数多くのＡＬＥが起きる場合も、どちらにしても、その結果、精神的にも情動的にも健全な状態で「現在」をあるがままに体験する能力が損なわれる恐れがあります。また、一つのＡＬＥの体験はトラウマにならないかもしれませんが、時がたつうちに多くが蓄積して、スモール・ｔ・トラウマ*（Small t Trauma）、発達性トラウマ（Developmental Trauma）と言われる状態に発展するかもしれません。

ＡＬＥ、スモール・ｔ・トラウマ、発達性トラウマは、セラピストでさえ確認する重要性に気づかないことがあります。これは何もセラピストが共感的でないわけではなく、こうした微妙な体験が個人の機能に与える深刻な影響が理解されていないからだと思われます。

つぎのような文化、社会、家族では、幼少の頃から、数多くのＡＬＥを体験をする可能性が大きいと考えられます。

・「協調する」こと、社会の規律に「従う」ことが強く求められている、実行されている
・「教育、学校教育」が非常に重視されている
・「称賛される」大学に入ることが成功である
・完璧であることが称賛される
・特定のサイズ、形、身体、容姿が価値を与えられている

本書は、善意のご両親、あるいは保護者のみなさまが、こどもたちが一体感を感じられるような「安全」な関わり方をして、その健やかな成長を手助けできるようにという思いで書きました。また、セラピストのみなさまにも、スモール・t・トラウマ、発達性トラウマにつながるのを防ぐコミュニケーション・関わり方を紹介させていただく機会になれば大変うれしく思います。

＊殺人や拷問やレイプという大きなトラウマが、ナイフによる、一度の、深い、大きな傷だとすれば、有害な人生体験が蓄積された「スモール・t・トラウマ」は、ナイフでなんども浅く切られた傷といっていい。どちらも体験した者に長い間苦痛を与え、血を流して、死に至る可能性がある。

こどものスモールトラウマのためにできること　目次

こどものスモールトラウマのためにできること——内面で何が起きているのか

第Ⅰ部　こどもの脳と大人の脳は異なる

第1章　「リスペクト」の二つの顔

初めてその少年と出会ったときのことは、いまも鮮明に覚えています。彼は頭の上に「お寺」を乗っけていました。午後の早い時間で、私はある学校の事務室に行くために風通しの悪い廊下を歩いていました。廊下の角を曲がって待合室に入っていくと、そこで少年の目が私を見ていました。

本書ではこの少年をビリーと呼ぶことにします。彼は八歳という年齢のわりに背が高く、制服のシャツを無造作にズボンにつっこんで、靴は片方の紐がほどけていました。だらしない服装とは正反対に、頭髪は整髪ジェルでぴったり固め、ソフトクリームのコーンを逆さまにしたようなヘアスタイルでキメていました。

話しはじめると、彼も面会を待っていることがわかりました。私のほうは、この学校でカウンセリングをする日程と時間についての話し合いのためでした。ビリーは生徒指導係の先生に会うことになっていました。私がヘアスタイルについて話し出すと、彼がそれを「ゴープラム」と呼んでいることがわかりました。タミル語を知っている方はおわかりでしょうが、「ゴープラム」とは南インドの寺院の塔門のことです。ゴープラムはピラミッドのような形をして複雑な装飾がほどこされています。
ビリーは、「ゴープラム」が理由でそこにいるのだと教えてくれました。彼は、どうして生徒指導の先生がこのヘアスタイルを嫌うのか、まったく理解できませんでした。なんといっても頭に乗せているのは寺院なのですから、ビリーとしては尊重されてもいいはずと思っているようでした。

私はその朝、生徒指導係の先生が、朝礼のときに無作法なヘアスタイルを見つけたとつぶやいているのを聞いていました。先生は、問題の子に髪を切るようにどうやって言うか、ボソボソ言っていました。私は彼の話を聞いて、皮肉でユーモラスだとしか思えませんでした。

その日、ビリーと私はそれぞれの約束の時間までかなり長い間待つことになりました。その間に彼は、ヘアスタイルの問題のほかに、友達をいじめて問題になっていることも話してくれました。ビリーの話では、もう一人の仲間と一緒にいじめっ子になる方法を学んでいるところでした。そうすれば、すでにいじめっ子として承認されているこどもたちのように、「リスペクト（尊敬・敬意）」を手に入れることができるというのが理由でした。

彼ともう一人の仲間は、ある生徒をいじめはじめる前に、そのための儀式をしていました。でもこどもたちが彼らをはねつけてしまった上に生徒指導の先生がすでに二人の悪ふざけを疑っていたため、儀式の効果はあまりありませんでした。ビリーは私に、いじめのテクニックがもう少し上達すればいいだけなんだ、と言いました。もう少しうまくいったら、他のこどもたちも自分たちと歩調を合わせてくれるだろう、そうなったら先生はぼくたちを疑わなくなると彼は言いました。

興味をそそられた私は、どうしてそんなにいじめが大事なのか、私が理解できるように助けてちょうだいと頼みました。ビリーは、私がなぜそんな質問をするのか、まったく理解できないようでした。彼は、バカなやつを相手にしているという身ぶりをしながら、こう言いました。「あたりまえじゃないか、リスペクトされるためだよ、わからないの？」

　そして話を続けるうちに、小さな友人はこんなことを言いました。「誰でもみんな尊敬されたいのさ、そうだろう？　先生たちをごらんよ。先生がぼくたちに怒鳴ると、ぼくたちは言うことを聞くし、尊敬するんだよ。先生たちがぼくたちを怒鳴らないと、ぼくたちは勉強を終わらせないし、なまけるんだ」。

　ビリーは他の人たちから「リスペクト」を獲得する戦術を惜しみなく伝授してくれました。ビリーは、大人はこどもよりも簡単に尊敬を得ることができると言いました。大人は、年齢と身体の大きさが味方してくれるけれども、こどもの自分はそれらを持っていないので、尊敬されるためには大人よりも努力する必要があるのだと。

　ビリーと話しながら私は、リスペクトが重要だという彼の見方が近代神経科学、および心理学の見解の多くに一致していることに感銘を受けました。人間の脳にとって敬意を払われることはきわめて重要です。私たちがどんなグループに所属しているにせよ、私たちは敬意を払われることによって、自分がそのグループに所属している、安全である、みんなとひとつであると感じることができるのです。

　私たちの脳の、情動面に関わる部分が敬意を求めるようにプログラミングされていることは、神経科学の研究から明らかになりました。人間は、相手の姿勢や頭のうごき、顔の表情やアイコンタクト、しぐさ、声の調子から、リスペクトされている証拠をひろい上げます。

　私たち人間は、会話をはじめる前から、一瞬のうちに、敬意を表現することもまた見つけることもできます。敬意を払われることで、自分が人として受け入れられていると感じます。そして、人は誰でも、自分の話が聞かれること・理解されることによるリスペクトを必要としています。

リスペクト（敬意を払う）の定義

相手／対象物が、良い考え、あるいは性質を持っていると私たちが信じるとき、私たちが相手／対象物に対して示す、あるいは感じる、称賛の気持ち。

相手／対象物が、重要であると考えられるときに示される、礼儀正しさ、敬意、気遣い。

相手／対象物に、正しいもの、重要なものがあると感じて、それを変えようとか害そうとしてはならないという感情。

Dictionary.cambridge.org/dictionary/english/respect より

ですから、私の新しい友人のビリーが、リスペクトが重要だと言ったことはそのとおりでした。しかし彼は、その性質を完全に誤解していました。なぜなら、彼が求めていた「リスペクト」は、いじめや、恐怖や、ほかの人を支配することから来ていたからです。

リスペクトが意味するもともとの感覚は、さまざまな文化の中で、私たちの祖先によって私たちの中に刻まれてきました。その感覚は、いじめること、いじめられて他人の前にひざまずかせられること、他の人が自分たちを「踏みつぶす」のを許すこと、とは対極にあります。

本来の敬意が表しているものは、私たちが相手の話を聞いて理解したときに、相手に捧げている、「価値をはかれないもの」のことです。私たちは、敬意を対価として得るとか、敬意に値するとか、敬意を失うといったことはできません。また他の人に自分に敬意を払うように強制することもできません。もともと敬意とは、私たちが相手に（または自分たちに）捧げる、価値をはかることができないものであって、評価なしに与えられるものです。

今述べたことは、こども時代がなぜ重要なのかを理解する鍵となる重要な点ですので、本書の中で繰り返し触れるつもりです。

元来のリスペクト（敬意）と、ビリーが考える「いじめ」によるリスペクトには大きな違いがありますが、表面的には共通したものがあるように見えます。このため、二つは簡単に混同されます。

もっと重要なことは、昨今「いじめ」版によるリスペクトがあらゆる場で見られることです。特に大人とこどもとの関わりの中ではよく見られます。私たち大人はこどもに、自分たちを「尊敬しなさい」と言います。ビリーのような生徒を「とても失礼だ」と言って叱りつけるかもしれません。また、こどもの行動が、自分が望まないものだと、「私は君をリスペクトできない」と怒ることもあるかもしれません。ティーンエージャーに対して、「大人からリスペクトされる」にはもっと勉強しなけれ

こどもに敬意を示して対応する

ばならないよと、言葉の裏で伝えているかもしれません。

ですから、あの風通しの悪いムッとする待合室で、八歳のビリーが、リスペクトを、他の人から勝ち取るもの、失う可能性があるもの、他の人に取り上げられる可能性があるものと説明したのには、とくに驚きはしませんでした。

しかしその後数か月にわたって、ビリーと話した記憶が繰り返し脳裏に浮かんできたのには驚きました。思いもかけないときに、お寺を頭に乗っけたビリーが、いじめっ子になりたい理由を、「もちろん、リスペクトされるためだよ、わからないの？」と言っている光景が浮かんできました。

私はこの二つ、いじめによって手に入れるリスペクトと元来のリスペクトを区別するのに、自分の心の中を深く探らなければなりませんでした。二つは、表面上は共通するものがたくさんあるように見えていながら、深い意味ではまさに正反対でした。

そしてこの観点から見たとき、こども、そしてこどもの成長する心と身体に、元来の意味で敬意を払うことの重要性をよく理解することができました。リスペクトは、所属感、一体感、安全、つながりの感覚を相手に送ります。大人がこどもに敬意を払えば、こどもは安心して成長でき、内面の不安定さが拡大するのに歯止めがかかります（第３章では、どうして私たち温血動物はリスペクトされることで豊かに成長するのか、その進化的な理由をポール・マクリーンの脳理論から学びます）。

本書の中心テーマは、私たち大人が、ふだんの生活の中で、自分のまわりにいるこどもたちに、本来の意味でのリスペクトを示すにはどうしたらいいか、ということです。それには、大人がこどもの考えや言葉に耳を傾け、理解することが必要です。そうすれば、こどもたちは、自分が受け入れられていること、また、自分が家族と地域社会の大事な一員であることを感じることができます。大人がそのような一貫した態度でこどもに敬意を示すことができれば、時がたつうちに、こどもたちは、安定した、柔軟な回復力のある、責任感を持つ大人に成長することでしょう。

今述べたのは、しかし、言葉では簡単ですが、実行するのは簡単ではありません。なぜなら私たちは、それぞれ育ち方が違うので、「リスペクト・敬意」をめぐる体験をすでにしているからです。深く探ってみれば、大人の私たちが意識しているのは、ビリーのいじめ版のリスペクトであることを発見するかもしれません。そして、こどもをしつけるためには、道徳を教えるためには、支配するか無視するのがいいと潜在的に考えていることもわかるかもしれません。

本来のリスペクトが意味しているものは、自分のまわりにいるこどもたちの声に耳を傾けること、理解することです（これは、こどもたちにしたいことを何でもさせるとか、ほしいものは何でも与えるという意味ではありません）。

本来の敬意の意味を理解するには、ある程度の時間と努力が必要でしょう。しかし本書を読まれる方は、こどもに真の意味で敬意を払うとどれほどすばらしいものがもたらされるかを理解してくださると思います。

大人が本来の意味でのリスペクトを一貫してこどもに示すとは、すなわち、私たちが彼らを手助けし、耳を傾けることを指します。また、適切な制限を設けて、こどもたち自身に決断させ、その結果に対して年齢相応の責任を取るように促すことでもあります。もし結果的にこどもが間違いをしたり間違った決断をした場合には、その失敗から学ぶように促し、次回は別の行動をするように内省を促すことで導きます。

このことをもう少し詳細に知るために、子育ての旅の最終地点からたどってみましょう。こどもを育て、教え、支え、助言する、という旅の結果として、彼らにどんな性質を持ってほしいと思いますか？　私たちのまわりのこどもたちがどんな大人になることを望みますか？　不屈の精神を持つ人ですか？　他の人に思いやりのある人ですか？　自信がある人ですか？　安定している人ですか？

ここに三つの性質を紹介します。

１．早急に決断したり、起きたことに簡単に反応しないで、広い視野を持ち、自分の行動の結果を予測することができる大人。

２．間違いをしたときに、責任を取ることができる大人。そうして、自分の不適切な決断のために影響を受けた人たちに謝ることができる人。

３．過ちをおかしたあとに、再び自信を持つことができる大人。そうしてその過ちを自己弁護したり、再び同じような過ちを繰り返して前の状態に引き戻されない人。

これは無謀な願いでしょうか？　もし私たち大人が本来のリスペクトを示して行動するならば、そして身近にいるこどもたちに耳を傾けて彼らを理解するならば、不可能なことではありません。

ではここで八歳のサレームと四歳のカタリナという二人のこどもを想像してみましょう。二人が成長するときに三つの性質が育つためには、私たち大人はどうしたらいいでしょう？　以下に、こどもにどのように敬意を払えば、彼らが豊かに成長するのを手助けできるかを短く述べたいと思います。

１．せっかちな決断を下すことなく、起きたことに簡単に反応しないで、その代わりに広い視野を持ち、自分の行動の結果を予測することができる大人になる。

カタリナとサレームに、物事を決める機会を与えましょう。大人は、二人のこどもが決めたことを、くつがえしたり反対したりしないようにします。もちろん、彼らが決めることは年齢にふさわしい範囲で、適切な状況でなければなりません。たとえば八歳のサレームに対しては、午後に一緒に外に行くときに、公園に行くかプールに行くかを決めるように言いましょう。レストランでどのぐらいお金を使っていいか、などを決めさせるのは適切ではありません。

2．間違いをしたときに、責任を取ることができる大人になる。そうして、自分の不適切な決断のために影響を受けた人たちに謝ることができる人になる。

サレームやカタリナが何かを決めたとき、その決定が「間違い」だとわかったときには、彼らは自然に自分をちっぽけで、心もとなく、不愉快な存在に感じます。たとえばサレームが新しい味のアイスクリームを注文したとしましょう。しかし実際にアイスクリームが来てみると、とてもまずかったという場合です。アイスクリームは、彼が期待していた味とまったく違っていました。彼は「すご～くまずい」と言いました。また、カタリナが、大人から見るとお金の無駄と思われるものにお小遣いを使うと言い張ったとします。買ったものは二日後には壊れてしまい、カタリナは落胆します。大人はどちらの場合も、最初から、こどもたちが決めたことが間違いだと知っていました。しかし口を出すことはしないで、結果が出てから彼らの気持ちに共感を示しましょう。

間違った判断をしたこどもの体験を、大人が自分のことのように感じて、こどもたちに、誰でも間違いをすると、肩身が狭くなり不安になり不愉快に感じることを説明することができれば、サレームやカタリナは恐怖を感じなくなります。そして、肩身が狭くて不安で不愉快な内面の状態を、自然で正常で一時的なものだとわかって、受け入れることができます（注：こどもたちは、自分が間違いをしたときに、自分の身体を小さく感じ、身体で不愉快さを感じることを知っています。ですから、彼らを矯正したり叱ったり冷笑する必要はありません）。

こどもが間違いをしたとき、まわりの大人が、間違ったというこどもの体験を自分のことのように感じることができれば、彼らは自分たちの話を聞いてもらえた、理解された、そして敬意を払われたと感じます。そうして自分を小さく不快に感じる感情や感覚が消えはじめます。こどもたちは、自分が家族と地域社会の一員で、追い出されたり締め出されたりする危険がないのだとわかって安心感を感じます。その結果、明晰に考えることができるようになり、自分の間違いについて自分で考えられるようになります。サレームもカタリナも、自分を卑小で不快に感じなくなると、おそらく起きたことを振り返ることでしょう。それはつまり、間違いをしたことで失われた「元の大きさに戻る」ことを意味します。もし彼らが間違ったことで他の人に影響を与えたならば、その人に謝ることもできるでしょう。

3．過ちをおかしたあとに、再び自信を持つことができる大人になる。そうしてその過ちを自己弁護したり、また同じような過ちを繰り返して前の状態に引き戻されない人になる。

まわりの大人がサレームとカタリナに敬意を払うことで、彼らが自分たちを家族の一員だと感じて、「自分のありのままの大きさを取り戻す」機会を与えられると、二人は間違いを客観的に見ることができるようになります。そうして自分たちの間違いを振り返ることによって、時がたつうちに、つぎに同じ状況が起きたときにはどうしたら別の決断ができるかを考えられるようになります。このとき、彼らは、何か間違っても、それを弱点として隠さなければならないもの、自己弁護しなくてはならないものと考えません。自分に対する自信を再び手に入れることができます。つぎに同じような決断をするときには、間違いから学んだことを生かして別の結果になる選択をすることができるでしょう。

カタリナやサレームに代表されるこどもたちは、まわりの大人が彼らに「敬意」を払うならば、また彼らがつまずいたときに「耳を傾けて」「理解する」ならば、大人が願うような人物に成長する可能性を持っています。これは、私たち大人が、こどもたちに、つまずくことを許可すると同時に、手助けすることを意味しています。

　では、こどもに耳を傾け理解することによって彼らに敬意を払うとは、実際にはどうしたらいいのでしょう？　これから、こどもの内面について深く学ぶとともに、大人の脳とこどもの脳の違いを学んでいきましょう。

こどもが自分で考える力をつけるように促す

第2章　大人にとってこども時代が大切な理由――リナの旅路　パート1

自分に耳を傾けてもらい理解されると、私たちの脳は、敬意を払われていると理解します。私たちは、このリスペクトの体験によって、自分が尊重されて受け入れられていることを感じ、そう信じます。同時に自分が生活している地域社会や家族とのつながりを感じます。

こども時代に、敬意を払われていると感じる関わり方を体験すればするほど、私たちの脳は、リスペクトをもとに形成され、心身ともに健康に育ちます。それは、まわりの大人たちから話を聞いてもらい理解されるという体験が繰り返し起きたからです。私たちは、自分が属している社会集団の一員として価値を認められ、受け入れられていることを感じます。そして自分が属する地域社会とつながっていると感じます。そうして安心感が深くなります。これと反対に、こどものときに敬意が欠如した関わり方を繰り返し経験すると、脳はそれだけ敬意が欠如した状態をもとに形成されます。これは、この世界で生きていくとき、特に他人や自分との関わり方に長い間影響を与えます。

こどものときに敬意が欠如したふれあいを繰り返し体験したということは、受け入れられたと感じ

こどもを脅かす

10年後

こどもたちが“大人の行動”の手本どおりになる

どうしたの？
あのおもちゃで遊びたかったんだ。
あのおもちゃで遊びたかったのね。他の方法はなかったかしら？
やさしくたのんだのに、渡さないから取り上げた。

交渉のお手本を示す

10年後

こどもたちが交渉の手本どおりになる

る体験があまりなかった、あるいは大切にされた体験がほとんどなかったということです。未発達のこどもの脳はこれを、自分に何かが「欠けている」に違いないと解釈し、だから「敬意」をほとんど払われなかったのだと解釈します。

耳を傾けてもらえず、理解されないことは、敬意が示されないことであり、自分には敬意を示される価値がないことにつながります。その結果、内面が不安定になり、神経過敏になり、締めつけられる感じや緊張感を感じ、自信がなくなり、傷つきやすくなります。

こどものときに敬意が欠如した会話やふれあいが積み重なると、時がたつにつれて、自分を「不完全で」「劣っていて」「能力がない」などの否定的な目で見はじめる可能性があります。そして無意識に、自分が属する集団に属し続けるためには、自分に価値があることを証明しなければならないという恐怖を持つようになります。同時に、自分は「大切にされる価値がない」と徐々に信じるようになる可能性があります。

さてここで、大人になった自分が、今述べたこどもの一人だったらと想像してみてください。脳が成長して成熟する一方、こども時代の欠如の形は大人になっても当人が意識しないままに残っています。大人の私たちがこども時代に体験したリスペクトの欠如を呼び覚まして、自分が受けた仕打ちは不当なものだったと理解することは至難の技です。大人が、こども時代に体験した、敬意を払われなかったときの感情をこじ開けることはとても難しいのです。また、自分に何かが欠けていたわけではなく、こども時代の脳がそう見ていただけなのだと理解するのも容易なことでありません。

ここまで、こども時代にたどる二つの道、つまり安定した道と不安定な道についてかなり大雑把に説明しました。もちろん現実はもっと複雑で微妙です。

ここで、敬意を欠いた大人との関わりを繰り返し体験したこどもが大人になった「現実の結果」を、私の親しい友人の例から当人の許可を得て紹介したいと思います。プライバシー保護のために話の詳細は変えています。

リナの旅路（パート1）

ずいぶん前のことになりますが、リナが私に、「何が原因で私は自分が愚かで能力がないと感じるのかしら」とこっそりたずねました。そのとき彼女は四〇代前半で、専門資格を三つも持ち国際機関に勤務する高給取りでした。たいへん有能な人で、つねに他の会社から引き抜きの話がありました。結婚して二人のこどもがいて、（社会通念からいうと）スタイルも抜群で、家庭も上手に運営していました。

彼女は誰もが賞賛することをたくさん達成していました。それなのに時々自分を愚かで能力がないと感じることがあり、その理由がわかりませんでした。リナは、「あなたは愚かで能力がない」と言い続けている小さな雑音のようなものが日常生活に影響を与えるようになったために、私の意見を聞きに来たのでした。

彼女はたいへんきちょうめんな性格で、自分を詳細に観察して記録していました。以下はリナから聞いた話です。

・職場の同僚から何か教えてもらう必要があるとき、同僚はとても丁寧に説明してくれる。しかし、不明な点があっても、自分からは質問をするのを避ける。それは質問をすると自分の愚かさがあらわになると感じるからだ。そういう状況を避けるために、彼女は帰宅してから同僚からもらった情報の筋道が通るように自分で考える。その場で同僚に疑問を解いてもらえばとても簡単に済むことなのだが。

・夫がリナに、電気代を払ったかどうかをたずねると、彼女は瞬間的にこう言い返すことが多い。「私をバカだと思ってるの？　もちろん払ったわよ、今日が期限だって知っているもの。私だって電気を切られるのはいやだわ」。あとになって彼女は自分が言ったことを後悔する。そしてどうしてあんな単純な質問に興奮して言い返したのだろうと自問する。よく考えた末に彼女は、夫の言葉が、「バカなやつ」と聞こえたとわかった。

彼女の受け取り方はどこから来たものでしょうか？　それ以上に、こういう受け取り方は日常生活の中でほかにどんな影響を与えていたでしょう？

リナは、夫や同僚との間で交わされたそれまでのコミュニケーションを思い起こしました。そして、夫も同僚も、彼女を信頼することができる人たちだと思いました。しかしながら、彼らが彼女を優秀で能力があると見ているとは、リナは信頼することも信じることもできませんでした。また彼らの行為が善意から出ていることを、信頼し信じることができませんでした。彼女は、他人や自分を信頼するのが難しいという、不信感の問題を持っていたのです！

リナは数か月かけて同僚や夫との会話を振り返り、つぎのようなことに気がつきました。それは、同僚が彼女に、不明な点を明らかにするためにもっと質問をしてくれたらうれしいと考えていたかもしれないこと、また夫は、彼女が多忙な一週間だったことを知っていたので、電気料金を支払う時間的な余裕があったかどうかを心配したのかもしれないことです。これは彼女にとってたいへん意外な発見でした。彼女は考えました。「私は間違いをしても大丈夫と頭では理解している。完璧である必要がないと論理的には知っている。それならどうしてこんな反応をするのだろう？　どうしてこんなにいいわけがましいのだろう？　これはいったいどこから来たのだろう？」

　こうして自分を観察しはじめたリナは、自分がつねに「攻撃材料を探し、かつ攻撃に備えている」ことを理解しました。これが彼女を疲弊させていたのです。

　彼女は、医者から指摘されたストレスの原因が、彼女の中の、自分についての考え方から来ていること、人との会話の中で無意識に自己防衛する習慣があることから来ていること、を理解しました。防衛行動のほとんどは、その時点で意識しないで起きていました。あとで何が起きたのかをじっくりと振り返ったときに初めて、自分がどの程度自己防衛していたかを理解できました。

　リナは自分を「有能じゃない」いやむしろ、「能がない」と見ていることに気づきました。彼女は「有能」でない、「欠けている」、ということに過敏でした。彼女は徐々に、自分の内面が不安定で、自信がなく、「自分には能がない」という感情を人に見せまいと必死だったことに気がつくことができました。

　リナが自分のこうした面を観察し、それを私に話してくれるには、たいへんな勇気が必要でした。内面を深く探った結果、彼女は、内面が不安定な日ほど自己防衛の鎧《よろい》を何枚も身につけていることを把握しました。そういう日は、肉体的にも気持ちの上でも力がなく疲弊していると感じました。

　彼女は、この防衛反応がどこからくるのかを知ろうとして、内面を探り続けました。「バカ」という言葉に、これほど過敏になるのはどうしたわけか？　自分は能力がないと思い込ませたものは何なのか？

　本人の言葉では、「かなりふつうのこども時代」を送ったと言います。両親や先生たちは彼女を力強く励ましてくれました。誰も、バカとか、グズ、間抜け、アホ、といった言葉を彼女に使ったことはありませんでした。しかしゆっくりと、リナは、彼女のためを思ってかけられた言葉の中に、ネガティブな影響を長期間与えてきたものがあることに気がつきました。

彼女が記憶の中で見つけたのはつぎのようなやりとりでした。

・あなたの弟は、あなたよりずっと上手にベッドメーキングができるね（こどもにやる気を起こさせるために使われた比較）。
・あなたは八九点を取ったのね。あんなばかな間違いをしなければ、クラスで一番だったのに（一番になる能力があることを教えようとした、励ましの言葉）。
・もしあなたがクラスで一〇番以内に入ったら、先生との面接に行こうと思うわ。そうでなければ、自分で通知表を家に持って帰ってちょうだい（こどもがベストを尽くすようにやる気を出させようとして）。
・昨晩、あなたは制服にアイロンをかけるのを忘れたのね。だから今朝は家族みんなが予定に遅れてしまったわ。私は会社に遅刻するし、社長が不機嫌になると思うわ（こどもが将来もっと思慮深くなるように願って、罪悪感／恥ずかしさを利用している）。

リナは今、これらの言葉は単純に事実を言っていただけであると理解しています。しかし当時は、どの言葉にも、最後に「（あなたは）おバカさん」という言葉を聞いていたのです。

・あなたの弟は、あなたよりずっと上手にベッド・メーキングができるね、おバカさん。
・あなたは八九点を取ったのね。あんなばかな間違いをしなければ、クラスで一番だったのに。おバカさん。

・もしあなたがクラスで一〇番以内に入ったら、先生との面接に行こうと思うわ。そうでなければ、あなたが自分で通知表を家に持って帰ってちょうだい。おバカさん。

・昨晩、あなたは制服にアイロンをかけるのを忘れたのね。だから今朝は家族みんなが予定に遅れてしまったわ。私は会社に遅刻するし、社長が不機嫌になると思うわ。おバカさん。

どの場合もリナはベストを尽くしていました。そして、ベッドを整えなかったことや、テストで一番にならなかった、という失敗にだけスポットライトが当てられて、何週間も何か月もずっと努力してきたことについては、退けられ、無視され、認められず、顧みられず、評価されず、ほめられない、と感じていました。

「レッテルを貼らない」ためにはどうしたらいいか

リナは今でも、帰宅するや成績表をテーブルに置くとすぐにトイレに駆け込んで隠れたことを覚えています。成績が全部Aだったときでさえそうでした。彼女は、まわりの大人の反応を完全に信頼することができませんでした。大人たちはどちらかといえば怖い存在であり、自分を愚かで思慮が浅く無能だと感じさせました。

幾度も繰り返された、微妙な、言葉にされない、隠れたメッセージの数々、それを彼女は内面に取り込んでいました。「私は能力が足りない。私は改善される必要がある」。彼女は自分が靴箱の後ろに隠されている靴のようなものだと感じていました。表に再び出されるのは、輝いたとき、展示するの

こどもに、過敏すぎる（そしておバカさんだ）というレッテルを貼る

こどもの話に耳を傾けて、理解する

に「十分なほど貴重な存在になった」ときだけです。彼女は、まわりの大人たちが彼女をあるがままに受け入れることができないと感じ、自分は不出来なのだと感じていました。

皮肉なことに、リナを最高に完璧な人間にしようと圧力を加えていた大人たちの試みは、表面では成功していました。彼女は三つの専門資格を持ち、どこからも引っ張りだこでした。しかしそれらは、彼女が深いところで渇望している満足感を与えてはくれませんでした。

リナはたしかに表面的には成功を収めていました。しかし彼女の内面は、自分の無能さを隠そうとする努力の果てに、疲れ、消耗し、へとへとだと感じていました。

こどものときの体験がこれほど深く根を張って大人の私たちに大きな影響を与えるのはどういうわけでしょう？　リナが私に会いに来たのは三〇代半ばでした。ずっと昔に起きたことが大人になって影響を与えるのはどうしてでしょうか？

リナに善意で接していた大人たちを非難するのは大げさでしょうか？　彼女が成功するのを助けてくれた、両親、おばさんやおじさん、先生たちを責めるのは見当違いでしょうか。

リナの脳、そして「攻撃に備える」「攻撃の前に防衛する」彼女の内面を理解するためには、脳の中の記憶に注目して、この記憶がふだんの相互作用（コミュニケーション・会話・関わり・ふれあい）にどのような影響を与えているかを探る必要があります。

そのために、まず人間の脳について、こどもの未発達な脳と大人の発達した脳の違いを考察してみましょう。

第3章　主導権を握る脳の部分

人間の脳は驚くほど複雑なテクノロジーの塊といっていいと思います。私たちの脳は長い歴史の中で高度な合理的思考を可能にし、身体や情動に対する脅威を払いのけて確実に生き延びることを約束する器官へと進化しました。

ところでほとんどの人は、高度な合理的思考を可能にする脳の領域（前頭前野と呼ばれている部分）が監督の任に就いていると考えています。つまり、前頭前野領域が脳と身体と行動の仕方を完全に統率していると思い込んでいます。

しかしこれは正確ではありません。サバイバルのメカニズムのほうが前頭前野よりも主導権を握っている場合が多いのです。

本書では、前頭前野が主導権を握っていないとき、つまり脳のサバイバルメカニズムのほうが主導権を握っているときに、人間に、特にこどもたちに何が起きているのかを説明することに多くのページを割きました。脳のサバイバルメカニズムが主導権を握っているときとは、情動的脅威（付録参照）

を防いでいるときで、合理的思考はよく働いていません。

では、脳の基盤にあるこの生存メカニズムの回路を考察し、どうして思考脳が時折この回路の存在さえ理解できなくなるのかを学んでいきましょう。

まず人間の脳の働きについてざっと説明したいと思います。ここでは三層になった進化モデル（三位一体脳）を用いて脳を説明します。これは一九六〇年代にイエール大学のポール・マクリーン博士が提唱したもので、脳を爬虫類脳、情動脳、思考脳の、三つの層として捉えます。

第一層―爬虫類脳（五億年前に誕生）

爬虫類脳として知られる脳の部分は、脳ができた最初の層にあたり、人間の胎児の中で最初に形成されます。この脳部分は身体が生き延びるのを確実にする機能を持っており、身体の主要な働き、たとえば心臓の拍動、体温、消化、排泄、身体の平衡などをつかさどります。

この最初の脳の層は、地上に爬虫類などの冷血動物しかいなかった時代に進化しました。比類ない繁栄を誇った爬虫類脳の例は、何億年も前の魚の化石に見ることができます。

人間が深刻な肉体的脅威にさらされたとき、迅速に対応するのがこの爬虫類脳の層です。たとえば道路を歩いているとき、トラックが自分に向かって疾走してきたならば、立ち止まって何をすべきか考えたりしません。無意識に危険を避ける行動を取ります。思考することはそこにありません。それはたんに起きます。

これが、「身体による」〝闘争するか／逃走するか〟というサバイバル本能、生存本能です。生存本能は爬虫類脳に支配されており、思考脳が働くかなり前に、行動に飛びつきます。

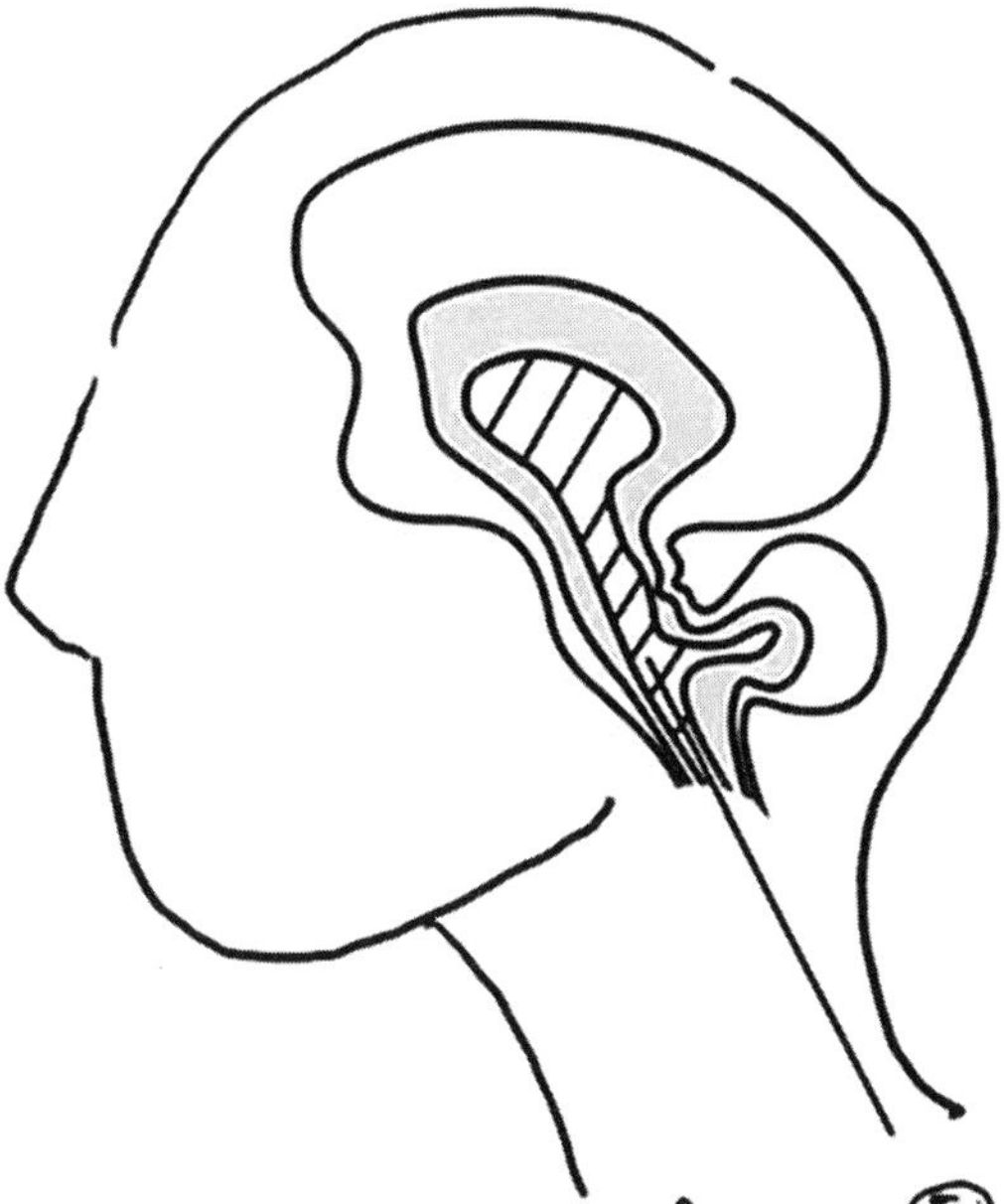

1．**爬虫類脳**　子宮の胎児の中で発達する。
5億年前に誕生した

第二層―情動脳（一億五〇〇〇年前に誕生）

時がたち生物の進化が進むにつれて、生存するチャンスを増やし繁殖するためのもう一つの方法が出現しました。それは赤ん坊を守り育てて、大人にすることでした。大人の生物が同種の赤ん坊の世話をするのがこれに入ります。

そして大人の生物が自分のこどもの世話をするようになるためには、またこどもたちが大人たちと共にいるようになるためには、脳の第二層が発達しなければなりませんでした。

この層は、大脳辺縁系、哺乳類脳、情動脳などのさまざまな名前で呼ばれている部分で、団結するようにプログラミングされています。私たちの脳は、お互いに守りあい、支え、養いあうことによって、生き延びるチャンスを増やすようにプログラミングされているといえます。

情動脳は、同じ部族の仲間から受け入れられているという合図（他の人から元来の意味の敬意が払われることによって表現される）をつねに求めています。そして、自分の部族から離れる脅威（他人からの拒否、または拒否する脅しなどで示される）に対して守備をしています。

情動脳は爬虫類脳と強くつながっているため、人とのつながりがなくなることは、それがどんな形であっても、身体面の脅威と同じように扱われます。私たちが感覚器官を通して、つながりが失われるという情動的脅威（369ページも参照）をひろい上げると、瞬く間に脳のサバイバル回路が支配権を握り、闘争／逃走メカニズムのスイッチが入ります。

すると一ミリ秒もない瞬間に、巧みに設計された複雑な生化学的反応が私たちの全身をめぐります。私たちは、この一気に押し寄せる生化学的反応が全身で脈打つのを、情動と感情と感覚の大混乱とし

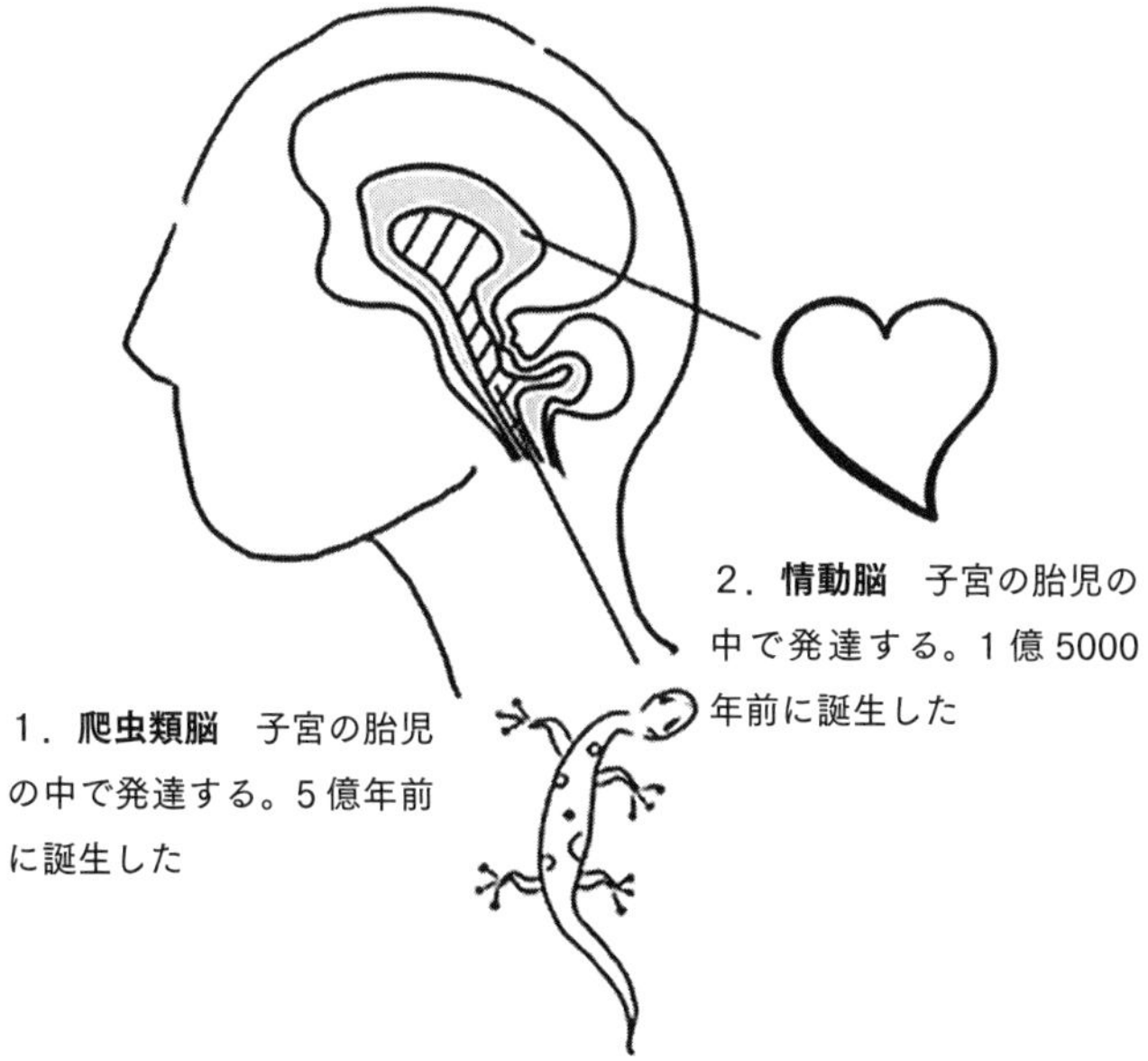
２．**情動脳**　子宮の胎児の中で発達する。１億 5000 年前に誕生した
１．**爬虫類脳**　子宮の胎児の中で発達する。５億年前に誕生した

て体験します。

この情動と感覚の大混乱という体験は、私たちが小学生だった頃を思い浮かべるとよくわかるかもしれません。先生と自分の間で何か問題が起きたとき、それがたとえ想像上のことだったとしても、手に汗をかいたり、心臓がドキドキしたのではないでしょうか。

第三層―思考脳（二〜三〇〇万年前に誕生）

さて、もう少し脳の進化の旅を続けましょう。長い年月がたって、脳の第三層が発達しました。これが思考脳です。思考脳は、私たちが体験と環境に従って順応したり変化することを可能にしてくれます。

思考脳は、子宮にいる胎児の中で形成されない脳部分として独特の存在です。私たちが、生まれる前に完全にプログラミングされていないことは、まことに幸運だというべきでしょう。

誕生時の思考脳は、ニューロンと呼ばれる何百万もの脳細胞から成っていますが、きつく詰まってはいるもののまだ互いにつながっていません。新生児が感覚情報を取り入れはじめると、ニューロンは互いにつながりはじめ、神経回路を作ります。幼児の脳は非常に活発で、一秒に最高二百万のつながりを作ることができます。

時が経過するにしたがって、体験が繰り返された部分には、より強いつながりとより強い神経回路が築かれます。神経科学者たちは、より強い回路ができる方法を説明するのに、「一緒に発火するニューロンは、一緒に結線する」という言い方をします。

これらの神経回路が大人やこどもを互いに引きつける記憶や感覚や感情を運ぶときに、彼らの間に

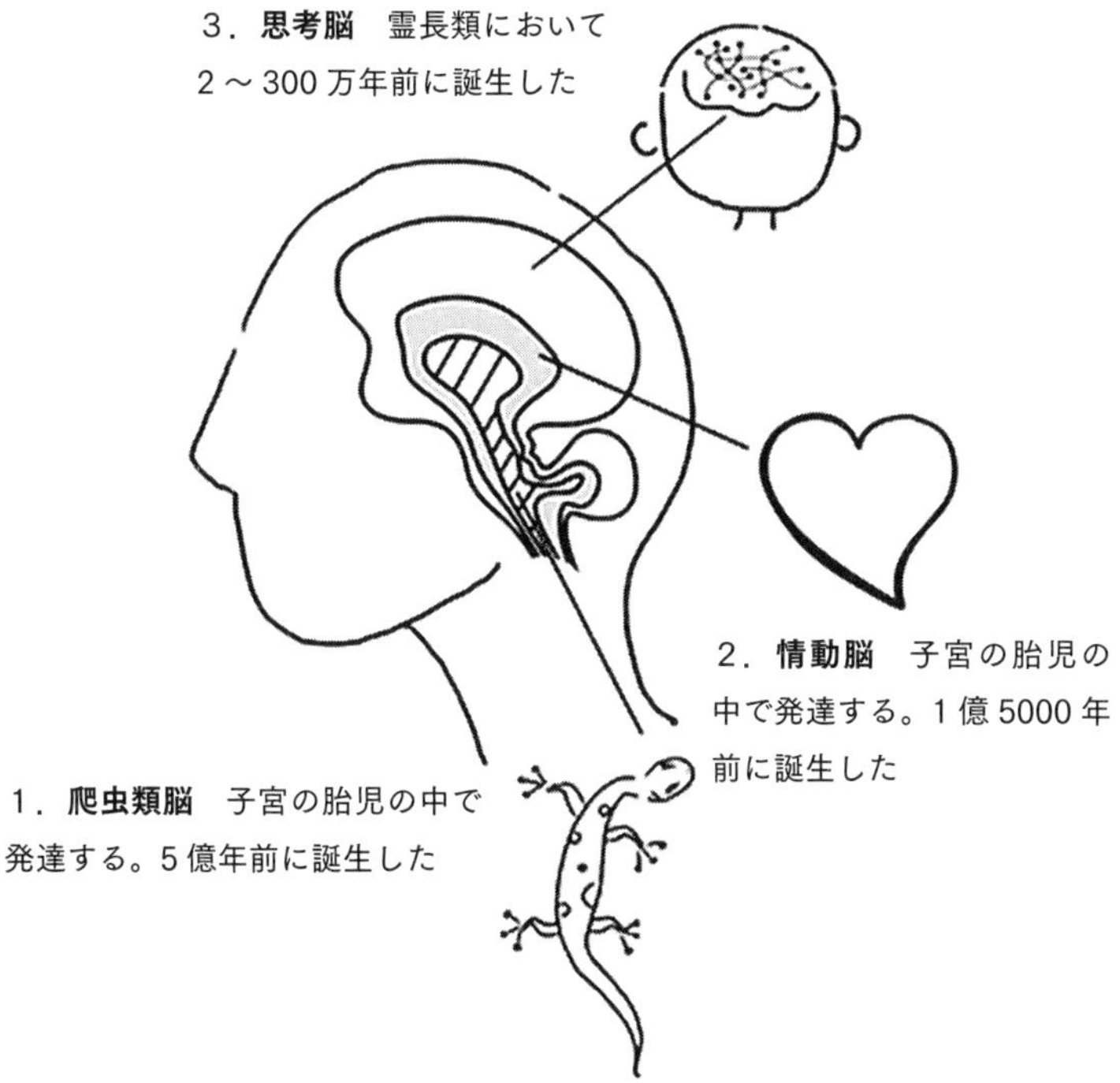
３．**思考脳**　霊長類において
２～300 万年前に誕生した
２．**情動脳**　子宮の胎児の
中で発達する。１億 5000 年
前に誕生した
１．**爬虫類脳**　子宮の胎児の中で
発達する。５億年前に誕生した

つながりがあるといいます。つながりを作ることは脳の重要な仕事です。

大人とこどもの間でコミュニケーション・相互作用が行われるとき、言葉と非言語合図が、一瞬ごとに相手に向かって発せられます。これらの合図は複雑で込み入った生化学的メカニズムによって、記憶の貯蔵庫に運ばれます。

ポジティブなつながりが形成される場合には、この生化学的メカニズムはそれを歓迎する体験を引き起こします。たとえば、じんと来る、心温まる、やさしい、力が出る、リラックスする、といった体験です。私たちはこれを、快適な、楽しい体験と呼んでいます。私たちはこういう体験を「好む」ので、それらを「心地よい」体験と呼ぶのです。もちろん、こうした体験をもっとしたいと思います。当然ですね？　大人はこうした心地よい体験によって無意識にこどもに引きつけられます。

フレッドとファリダという六歳の二人のこどもを想像してみましょう。まわりの大人との快い体験が繰り返されるたびに、彼らと大人たちの間のポジティブなつながりが強化されます。このポジティブなつながりがさらに強化されると、二人は、安全で安心できること、大事に思われていることを知って、内面の深いところで温かさと安心感を感じられるようになります。彼らは受け入れられています。彼らは孤立していません、孤独ではありません。

フレッドとファリダの脳は快い体験が起きる合図を「詳細に」記録します。それは彼らの脳がそのようなふれあいを再現することを望んでいるからです。特に彼らの脳は、「詳細な非言語情報のすべて」を確実に記録します。なぜなら、フレットもファリダも、生きていく上で、あとになって再現できる「非言語情報」が必要だからです。こどもたちが私たち大人に完全に依存していることを思い出してください。彼らは絆を強くする必要があるのです。

ところで、大人とこども間のやりとりの中には、つぎのような感覚を起こさせるものがあります。

	心地良い体験がもたらすもの	不快で、悲惨で、不愉快な体験がもたらすもの
感覚の例	・温かい、かわいい、柔らかい、やさしい、元気になる、開放的	・うずくような、むかつく、不快な、心臓が高鳴る、ズキズキする、吐き気がする、ぐらぐらする、重い、締め付けられる、息苦しい、くいしばる、緊張する、衰弱する
情動の例	・喜び、びっくりする	・怒り、悲しみ、恐怖、いやけ
内面の体験の結果	・お互いをひきつける	・お互いを離ればなれにする
〜の体験をもたらす	・所属する、含める、団結	・疎外、分離、孤立
〜の感覚をやしなう	・受け入れる	・拒否する　見捨てられる
内面の深いところ	・安全で安心と感じる（さまざまな程度）	・安全でなく安心できないと感じる（さまざまな程度）
行動	・「安全／信頼」の気持ちが強まるほど行動が適切になる	・「安全でない／疑う気持ち」が強まるほど行動が適切でなくなる

うずく、むかつく、不快、心臓が高鳴る、ズキズキする、吐き気がする、ぐらぐらする、重い、締め付けられる、息苦しい、くいしばる、緊張する、衰弱する、といった感覚です。

　このような不快な感覚は、ファリダやフレッドを圧倒し怖がらせます。彼らはなんといってもまだこどもです。大人でもこの感覚は嫌いでしょう。そしてたいていの人はこうした感覚を、不愉快だ、怖い、苦痛だ、などと形容するでしょう。

　こどもたちは、このような不快で不愉快な体験を経験したとき、大人との良いつながりを失うことを恐れます。これが上の表に示すような良くない結果につながっていきます。

　私たち大人は、こどもの前頭前野の中でこうしたネガティブな神経回路が発達することを防ぎたいと思っています。大人が、ふだんの生活で、こどもたちをリスペクトすることは、こうしたネガティブな神経回路の影響を最小限にするのに非常に効果があります。なぜならリスペクトすることは、こどもたちが、自分たちの話に耳を傾けられて理解されたと感じることだからです。それは、彼らが受け入れられたこと、拒絶される危険がないことを意味します。彼らの脳はリラックスして厳戒態勢をゆるめることができます。

第4章　こどもが見ている世界

こどもがまわりの世界をどのように考え、解釈し、見ているかは、大人とはまったく異なっています。これは、額のちょうど裏側にある前頭前野という脳の部分が完全に成熟するまで、およそ二〇年もかかることが大きな原因といえます。

前頭前野は、推論する、論理を組み立てる、問題を解決する、物事を計画する、といった複雑な作業に関わっている脳の領域です。人間は、この部分が時間をかけて発達することによって、適応性と柔軟性という能力を獲得します。しかしながら、この部分の発達が遅々としていることは、幼いこどもがかなり未発達な思考能力しか持たないということでもあります。このためこどもたちは、まわりの世界やまわりの大人たちについてゆがんだ考えを発達させやすいのです。

今述べたことを理解していただくために二人のこどもを想像してみましょう。モリーは三歳、ザックは五歳です。

彼らの目と情動を通してまわりの世界を見てみることにしましょう。そしてこの二人から、「こども」と呼ばれる、愛らしくて憎たらしくて魅力的で大人を困惑させる小さな包みの内側を学んでいきましょう。

まず、「子どもの権利条約」にしたがって、一八歳以下の人間をこどもと定義します。そして、彼らが世界をどう見ているかを知りたいと思います。こどもが小さければ小さいほど、彼らが世界を見る方法は大人と大きく異なります。特にゼロ歳から一五歳ぐらいまでのこどもの脳は、物事を簡単に信じるようにできています。

モリーとザックは、他のこどもたちと同じように純粋で偽りがなく、我々大人よりも本当の自分とつながっています。もちろん私たちもかつてはこどもだったのですが、ザックやモリーの年齢のときに自分がまわりの世界をどう見ていたかを思い出すのは、今ではとても難しいでしょう。これは、心の中の多くのものが上書きされ、変えられてしまったからです。みなさんの中には、こどものときの感情や体験を部分的に覚えている方もいるでしょうが、視界はどうしても完全なものにはなりません。

ザックとモリーのようにまだしっかりとこども時代に根を張っているこどもにとって、私たち大人の世界を理解するのはきわめて困難です。大人は彼らにとって不可解であり、困惑し、途方にくれる相手だといえます。

この章では、こどもという、大人が理解する方法でまわりの世界を理解する準備がまだできていない存在であるザックとモリーの心理に注目します。

大人が彼らの心理を理解すれば、私たちは、彼らに共感してコミュニケーションすることがずっと上手にできるようになるでしょう。そのことは、他の人とのふれあいにおいて彼らが安心感を体験するのを手助けすることにつながります。

こどもと大人の体験には明らかに三つの違いがあります。

こどもは、他の人の観点から物事を見ることができない。

こどもは、ファンタジーの世界を信じる。

こどもは、まわりの世界を単純に体験する。

1――こどもは、他の人の観点から物事を見ることができない

こどもはとても単純でわかりやすい人間です。モリーもザックも、自分の観点からしか物事を見ていません。彼らは、大人の世界の性質である多様なグレー部分については、理解することもそれに対応することもしません。モリーもザックも、こどもは誰でも「全部自分のせいだ」と考えています。彼らは、自分のまわりで何が起きても、たとえば両親の喧嘩であれ、雨がやんだことであれ、すべて自分に責任があると信じています。

あるとき、ザックがミルクをこぼしてお母さんをまごつかせたとしましょう。そのあとでお母さんとお父さんが喧嘩をするとします。ザックは、自分がミルクをこぼしたから両親が喧嘩をしていると考えます。ザックは、両親の喧嘩とミルクをこぼしたことは何の関係もない、彼には関係ないと考えることができません。

またモリーがかんしゃくを起こしたとします。モリーは、自分がお母さんとおばあちゃんをひどく困らせてしまったと考えます。しかし、実際起きた物事を順に追ってみると、テレビの音が大きすぎると思ったおばあちゃんが、モリーが見ていたテレビ番組を突然勝手に切ってしまったのです。

そのときお母さんは、モリーがそのテレビ番組を見ていていいこと、テレビを勝手に切ってしまう

こどもの内面

ぼくは「ファンタジーの世界」を信じる。「壁にかかっている妖怪のマスクが実物になって、壁から出てきて、ぼくをさらっていく」と聞いたら、その言葉を信じるよ。
神様がぼくの怖い夢を消してくれる、と聞いたら、それを信じる。
でも、また怖い夢を見たんだ。
どうして？　わけがわからない。

のはよくないことを、モリーの前でおばあちゃんに、やさしく、しかもはっきりと言うことをしませんでした。

この一連の出来事のつながりはモリーには複雑すぎて理解できません。この年齢のこどもが考えられる限度を超えています。モリーは、お母さんが悲しんで、おばあちゃんが怒っているので、自分に落ち度があるに違いないと考えるのです。

2――こどもはファンタジーの世界を信じる

こどもの想像の世界は大きな力を持っていて、現実の世界に対する彼らの認識を大きく揺さぶります。これは、こどもが大人の道理と論理を十分に習得するまで続きます。こどもたちは真剣にファンタジーの世界を信じるのです。

ザックとモリーにとって、現実と空想の境界はとてもあいまいです。モリーは、抜けた歯を集める妖精が実際にいると聞けば、それを信じるでしょうし、怪物がベッドの下に隠れているかもしれないと聞けば、それを信じるでしょう。ザックは神様にお祈りすればたちまち助けが来るものだと信じるでしょう。

このことを示すつぎのような場面を思い浮かべてみましょう。

例：ザックにはハリーという弟がいます。ハリーはまわりの大人の注意を引くのをザックと競いあっています。ほとんどの大人はザックがまだ幼いことを忘れて、ザックのおもちゃを赤ん坊のハリーに貸してあげなさいと言います。ザックはたちまち弟の存在に怒りを覚え、強い不安を感じます。

ほとんどの場合ザックは、お母さんとお父さんから叱られる側になります。もちろん不安が高まれば高まるほど、ザックは自分の不快な情動と感覚を大人に伝える方法を見つけようとして、ますますふざけたり騒いだりする行動に走ります。

一方お母さんのほうはザックを叱って少したつと罪悪感がこみ上げてきます。機嫌が悪いザックの顔を見て、お母さんは、ザックもまだ「幼い」ことに気づいてザックを抱きしめます。

夜になって、ザックとお母さんは、ザックがいい子になりますようにと一緒に神様に祈ります。ザックはこどもですから真剣にそう祈ります。しかし状況は変わりません。ザックは今も弟のハリーだけがかわいがられていることに怒っています。このサイクルは悪化するばかりです。

私がザックの前に現れたのは、こうした悪循環の中でした。ある日ザックはこう打ち明けてくれました。「ぼくはすごく悪い子なんだよ。神様もぼくを嫌っているんだ」。

そこで、彼の「重荷」について安心して話すことができる場を作ったところ、彼は私にこう話してくれました。「毎日神様にお祈りしているのに、ぜんぜん応えてもらえない。神様さえも自分がいい子になるのを助けてくれなかった」。

3——こどもはまわりの世界を単純に体験する

赤ん坊は生まれたとき、論理的思考よりも感覚器官のほうがずっと発達しています。赤ん坊は、呼吸や嗅覚、触覚、聴覚、味覚、視覚などの感覚体験を通して、まわりの世界を理解します。モリーとザックも似たようなものです。前頭前野がまだ十分に発達していないために、二人とも自分の体験を適度に抑える力もありませんし、自分の見方でしかまわりの世界を解釈できません。

もちろん、大人の場合もこどもの場合も、強い情動を身体の中の感覚や気持ち悪さとして感じます。違っている点は、こどもたちは、身体で感じる不愉快で混乱した感覚を、認識した上で消失させるすべも精神力も発達していないことです。

モリーとザックも、ほかのこどもと同じように、強い情動を、むき出しで激烈なもの、いとも簡単に表に出てくるものとして体験します。つぎの章ではこの例として、お店で起きたモリーのかんしゃく事件と、ザックのぬいぐるみひったくり事件を紹介しましょう。

こども時代における重要な発達は、強い激しい情動を処理して他の人に伝えることを学ぶことです。第5章では、どうしたら大人がこの発達過程を手助けできるか、あるいはどうすると発達を妨げてしまうかを説明します。

絶対的な見方

これは「良いものだ」　１００％

これは「悪いものだ」　１００％

理論的な考え方

「良いもの」の中にも「悪いもの」がある。

「悪いもの」の中にも「良いもの」がある。

これが人生だ。
５０％　５０％

こどもの内面

全部、あたしのせい。
だってあたしはまだ、こども目線でしか見られないのよ。
大人の態度や行動は私には理解できないから、
すごく大変だし、怖いの。

第5章　こどもの内面の混乱と困惑

身体と精神がつながっていること、そして情動が身体に影響を与え、逆もまた然りであることは、以前から科学的に認められてきました。

何かあなたを心配させることを思い浮かべて身体を観察してみましょう。胸のあたりが緊張して、腹部が締め付けられるような感じがしませんか？　では、とても怖いことを想像したらどうでしょう？　心臓がドキドキしませんか？

身体と精神の関係についてはすでに十分な研究結果が出ており、人間は誰でも情動に関連する身体感覚を持っていることが明らかになっています。これは文化、言語、民族が違っても変わりません。外界の出来事が引き金となって、私たちに情動と身体感覚が起こります。強い情動は大きな身体感覚を呼び起こし、弱い情動は小さな身体感覚を呼び起こします。なぜなら、精神と身体の関係は生物学的なもので、私たちの脳に織り込まれているからです。

このことをもっと詳しく知りたい方は、ベッセル・A・ヴァン・デア・コーク医学博士が書いた

『身体はトラウマを記録する』（紀伊国屋書店、二〇一六）をお読みになってください。

大人もこどもも、情動がこみ上げてくると身体でなんらかの感覚を感じます。しかしこどもは大人よりも脳が未発達なために、外界で起きた出来事／思考と、自分の内側で起きていることにつながりがあることをはっきりと理解できません。

もちろんこどもでも身体の感覚を感じることはたやすくできます。しかし、身体で感じている感覚が、起きた出来事に関連があるとわかるためには、大人の手助けが必要です。

ザックやモリー、カタリナやサレームなど、こどもたちは誰でも、ローラーコースターに乗ったときや、夜に垣根からカサカサという音が聞こえてきたりしたとき、「私たち大人の手助けがないと」、身体のどの部分がそうしたことに影響されているか、気づくことができません。

こどもは身体の感覚とその源を関連づけることができないだけでなく、自分を圧倒している情動・感情・感覚の混乱についても説明できません（科学的な言葉でいえば、人間の脳の扁桃体は誕生時にすでに成熟しているものの、前頭前野は成人期の初期まで成熟しないためにこれが起きるといえます）。

そのため、こどもは自分たちに備わっている装置の言いなりになって、身体の感覚とその混乱に直接に反応します。これがこどもの人生に大騒ぎを起こし、大人たちが嫌がる行動や大人が矯正しようとする行動になって現れます。

このとき、大人がこどもたちの行動を叱ったり無視したりしないで、彼らの中で湧き上がっている身体感覚と彼らの思考に関連があることを気づかせることができると、これらの反応行動は減っていきます。そして同じようなことが起きたときに、大人に手助けを求めるようになります。

行動であって、言葉ではない

こどもが、ある状況が原因で、情動・感情・感覚の混乱を引き起こすとき、彼らがとる態度には、一般的に、つぎにあげる二つの対処法が見られます。大人はすぐにこれに気づくこともあれば、気づかないときもあるでしょう。こどもたちは無意識につぎのような態度をとります。

・外側にあらわす（アクト・アウト）：芝居がかって、大声を出し、明らかにわかる方法で、大きな情動・感情・感覚を、大げさな身ぶりと共に、表現する。
・内側にあらわす（アクト・イン）：大きな情動・感情・感覚を、内に保ち／内面に吸収する。私たちは、彼らの情動や感情、感覚の混乱状態を、唇をすぼめる、拳を握りしめる、などのふるまいにその一端を見ることがある。

モリーやザックは、情動や感情や感覚の混乱に圧倒されてしまうと、彼らが話す言葉が英語でもフランス語でも、言葉は自分を表現する手段になりません。彼らが私たちに話しかける方法は、唯一、アクションを通じてだけです。

このことは大人から見ると理解できないかもしれません。なぜなら私たち大人は、どんな状況でも行動で示す代わりに言葉を使うことを学習したからです。しかしこどもにとっては行動で表現することは自然なことです。こどもは、情動・感情・感覚などの内面状態を、行動として外に示すことが自然なのです。

ですから、モリーが大声で叫び、床を蹴っているとき、彼女は怒っているかもしれません、悲しいのかもしれません、落胆しているかもしれません……ほかにも多くの感情が混じっているでしょう。

しかし、このときモリーが気づいていることといえば、自分の内側の不愉快さをどうしていいかわからないことと、自分が暴言を吐いていること、それだけです（これが、「身ぶりで表に示す行動（アクト・アウト行動）」です）。

また、ザックがほとんど無表情で座り込んでいるとき、このときの彼も、怒っているか、悲しいか、落胆しているか……ほかにも多くの感情が混じっているでしょう。このときザックが気づいていることは、自分の内面の不愉快さをどうしていいかわからないこと、そして自分を閉ざしている、それだけです（これが、「内側で表現する行動（アクト・イン行動）」です）。

ザックやモリーが「していること＝行動」は、彼らから私たちへのコミュニケーションであって、彼らの内面状態の反映にすぎないことがわかれば、私たちは、大人を困らせる彼らの「許されない」行動を矯正したり、あるいは、私たちに都合の良い行動にご褒美を与えたり、といった、ふだん大人がしていることをやめることができるでしょう。そして、彼らの内面に耳を傾けて理解しようと思い、またどうしたら情動・感情・感覚の混乱にうまく対応できるか、そのお手本を大人みずから示そうとするでしょう。

時の経過とともに、ザックとモリーは、彼らを圧倒している感情を表現し・認識し・消し去る方法を発達させます。その後は、こうした情動・感情・感覚の嵐は、時間にして最低で一五分から三〇分ぐらいで過ぎていきます。

しかし反対に、もし大人たちがモリーとザックの行動をたんに問題だと見ていると（こうすることはとても簡単です）、結果はまったく違ったものになるでしょう。

私たち大人はこどもに、「もっと大人になりなさい」「落ち着きなさい」「そんなことをするのは赤ちゃんだよ」などと言うかもしれません。もしも私たちが彼らをすぐに鎮圧しようとしたり、「矯正」

したり、アクト・イン行動やアクト・アウト行動をほめたりすれば、（故意ではないにしても）こどもたちをコントロールするかつぶすことになるでしょう。こうした大人の言動は意図しなかった結果を招くことになりがちです。

　こどもは、思考能力が未発達なために、自分が体験しているこうした混乱や困惑を恐れることを学習するかもしれません。彼らは、自分の中の不快感を伝えようとしているだけなのに、大人が自分にイライラしたり、反対に賞賛するのを目にします。私たち大人の非言語のメッセージは、口にされた言葉よりもずっと大きな声となってこどもたちに伝わります。この結果こどもたちは、言葉にされていないメッセージから、自分の価値や重要性について間違ったイメージを持つことになります。

　こうしてこどもが思春期を迎えるころには、たとえば、自分は怠け者だ、よくばりだ、能力がない、役立たずだ、孤立している、ひとりぼっちだ、といった、微妙で捉えがたい自己言及の信念（297ページ参照）を築いている可能性があります。

　大人たちはしかし、まわりにいるこどもたちがふだんの生活の中で情動や感覚の混乱を体験したとき、彼らがうまく舵取りできるように大人が手助けする必要があることをわかっていないようです。これはたんに、私たち大人自身が、こうした混乱や困惑を操ることができるという確かな体験がないからかもしれません。

　大人の私たちも、こどもだったときに、自分の親からこのようなサポートをもらっていなくて、どうやってこどもを手助けしたらいいか、よくわからないのかもしれません。

　本書では、こどもたちが情動・感情・感覚の混乱を上手に処理することができるように、大人が手助けする方法を学びます。読者の中で、自分の育てられ方に満足していない方は、まわりにいるこどもたちのこの過程を手助けすることが、ご自分の助けにもなることを発見されるでしょう。

私たちのさいしょの言葉は、言葉ではないよ。言葉の代わりになるのが行動（遊び）なんだ。
行動

では、まずザックのアクト・イン行動の例、続いてモリーのアクト・アウト行動の例を紹介します。大人がどのように彼らと関わってコミュニケーションを行うかが重要な点です。

アクト・イン行動

五歳のザックが、自分のぬいぐるみのライオンで遊んでいます。ライオンは毛がふさふさして、絹のようにすべすべしたみごとな金色のたてがみを持っています。これを見てほしくなったほかのこどもが、突然、ザックからライオンをひったくりました。ザックは自分に対する無礼な行動を体験しました。当然ザックは、非常に不愉快で悲痛で圧倒されてしまい、情動・感情・感覚の混乱が起きました。

彼はこのとき、こぶしを握りしめたり、爪を噛んだり、自分のTシャツのえり首を齧《かじ》ったりといった行動をするかもしれません。しかし明らかな反応はしていないように見えます。このために大人は、ザックのこうした行動を簡単に誤解してしまいます。

実際大人である私たちは、ザックが、ぬいぐるみを自分からひったくった相手をぶったり、その子に噛みついたりしないのを見て、とてもよく我慢しているね、とほめるかもしれません。ザックを賞賛して、その行動を励ますかもしれません。しかしこのとき大人は、ザックが、自分のおもちゃを「奪われた」ことから来る「当惑、ショック、侮辱、怒り」などの混乱を制御して抑える方法を必死に見つけようとして、こぶしを握りしめているかもしれないとは気づいていません。

もし同じことが幼稚園で起きたなら、先生は、ザックの行動を良い行動のお手本として、他のこどもたちの模範にさえするでしょう。ザックは、「自分を制御」した見返りに、大人から多くの賞賛をもらったので、誇りさえ感じるかもしれません。

ここでひったくり事件に戻って考えてみましょう。ほかのこどもがザックのぬいぐるみのライオンをうばったとき、ザックの中に自然にわき起こった情動・感情・感覚の大混乱に、何が起こったでしょうか？　ザックが無礼なことをされたのはいつだったでしょう？　無礼なことをされたときにほめられたとしたら、誰でも当惑してどうしていいかわからなくなりますね？　賞賛されることは自分に価値があることを肯定するものです。ザックの脳は、賞賛を受けることと無礼なことをされるのを我慢することの因果関係を理解できるでしょうか？　これ以上のゆがみ方があるでしょうか。

この一連の出来事において、大人は、「時間をかけて、ザックの言うことに耳を傾けて、ザックを理解することをせず」、ザックを圧倒している感情をどう操ったらいいか、手本を示すこともしませんでした。その結果、ザックの内面の混乱は理解されないままになり、その混乱は、ザックの内側の世界から消えることはありません。それどころか、それは解決されないまま消えずに残りました。それは、ちょうど小さなホコリが積もるように、ザックがこの世に生まれ持ってきた「遊びというエネルギー」の一部を隠していきました。ザックさえもそれに気づかず、したがって表現することができない怒りがザックの中で溜まっていくことでしょう。ザックの行動は思春期が来たときに劇的に変化する可能性があります。なぜなら彼は今、自分の中にある情動のもつれを理解して解読する能力が以前よりも発達したからです。彼は発作的な怒りを表すかもしれませんし、閉じこもって沈黙するかもしれません。

アクト・アウト行動

今度は、私たちがモリーとスーパーマーケットで買い物をしているところを想像してみましょう。モリーの目の前には心を奪われるものがたくさん並んでいます。鮮やかな色とりどりの箱の美しいことといったら、どれもほしくなってしまいます。モリーは特にピカピカ光る赤い箱に入ったビスケットが気に入って、手を伸ばしてそれを取りました。私たちはそれを見て、モリーにビスケットを棚に返しなさいと言います。

でも、モリーはそのビスケットの箱を手放しません（箱のデザインは魅力的な商品という意味では大成功です）。彼女はあがき続けて今や大声で叫び出さんばかりです。モリーはどうしてもその箱がほしいのです。

ここから先のシナリオは、私たち大人の関わり方によっていくつかに分かれます。その中の三つを見ることにしましょう。

シナリオ１

大人がモリーの望みを聞き入れます。大人が、スーパーマーケットの中でモリーがかんしゃくを起こすのを恐れて、モリーの当面の「欲求」をかなえます。（その場にいるほかの大人たちが、こどもをうまく抑えられないことに対して私たちを批判の目で見ているかもしれません）

（ところで、モリーは、かんしゃくで大人たちを脅迫しようと思ってはいませんでした。モリーを圧倒した情動と感情と感覚は、モリーがほしがっているものを取り上げようとした大人の行動に対するたんなる反応として起きたものでした）

さて、かんしゃくを起こして自分がほしいものを手に入れたことを、モリーはうれしいと感じるでしょうか？　おそらくその瞬間はそうでしょう。しかし、少しあとになればそうではありません。モリーは、大人がみずからの意思で箱入りビスケットをくれたのではないことを知っています。モリーは、大人がモリーの行動を嫌がっていることを感じています。

幼いモリーはおそらく、自分の内側で「小さな空虚感」を感じているでしょう。ただし彼女はまだ幼いために、この感情をたいへん大きく感じます。それでこの「小さな空虚感」は、彼女の中では「大きな空虚感」と感じられ、勝利はうつろに感じられるでしょう。彼女はこのことを私たちにどう伝えたらいいでしょうか？

彼女はこうした感情を伝える言葉をまだ持っていません。もし大人がモリーに情動や感情について時々話していなければ、モリーはどうやって、混乱している情動・感情・感覚のことを私たちに伝えたいとか、それらの舵取りをしようと思えるでしょうか？

シナリオ2

大人がモリーのかんしゃくを恐れないことを決心します。そして、モリーからビスケットの箱を取り上げて、棚に戻しますときっぱりと言います。こうなると、大きく膨らんだ情動・感情・感覚がモリーを飲み込んで、彼女は泣き叫び続けます。しかし大人はモリーが叫ぶままにしておきます。大人は、モリーが、つぎからスーパーマーケットの棚から商品を取ってはならないと学ぶだろうと期待しています。

やがてモリーは静かになります。このときモリーの中で何が起きているか、不思議に思いませんか？　モリーは私たちに、箱に入ったビスケットが好きだということを示しました。そして私たちはそんな彼女を無視しました。そこでモリーは私たち大人に、ビスケットの箱を失うことが彼女にとってどれほど深刻かを見せました。今、大人はモリーに対して怒っています。

ところでモリーは何か悪いことをしたでしょうか？　大人を怒らせたわけですから、何かをすごくほしがったモリーは、悪い子なのかもしれません。そう感じたモリーの中で、もっと大きくさらに不愉快な情動や感情が膨れ上がり、大きな泣き声となって彼女から流れ出します。誰が彼女の「言語」を理解してくれるでしょうか？　こういうことが繰り返し起きると、モリーの脳は、「何かをほしがる」ことと「それを劇的に失って悲しむ」ことをつなげるリンクを作るかもしれません。

シナリオ３

ここでは、スーパーマーケットの出来事の始まりに戻ります。私たちがモリーとコミュニケーションできる方法がほかにあるでしょうか？　私たちはモリーが赤い箱入りビスケットをほしがったのを知っています。もし私たち大人が、モリーの行動に注意を向けることをやめて、「モリーの気持ちを汲み取る」ことができたなら、結果は違ったものになるでしょう。

そうです、ビスケットの包装はとても素敵で、たいへん魅力的だったので、「モリーは誘惑されました」。しかし、何かをほしいという感情を持つのは許されることです。それは当然でふつうのことです。ではどうしたら私たちは、すごくほしいものを後にするときの、混乱して不愉快な情動・感情・感覚を、モリーがうまく通り抜けられるようにサポートすることができるでしょうか？

ここで、私たち大人がモリーの「気持ちを汲み取る」ことができるように、日常生活から一つの例をとってその体験を想像してみましょう。私たちは誰でも、モリーと同じように、新しい洋服や技術や商品に毎日のように誘惑されています。

あるときはショーウィンドウで見かけたシャツがほしくなって、試着までした体験があるかもしれません。あるときは誘惑に負けて買ってしまったことがあるかもしれません。また不必要なシャツはいらないと自分を慰めながら、残念な悲しい気持ちでお店を出たこともあるでしょう。

そんなとき、私たちは、そのシャツが自分のものになったらよかったのにと思っている反面、誘惑に乗らなかったことをよろこんでもいるでしょう。

私たちのこうした体験をモリーの話に耳を傾けて理解することに生かして、本当にほしかったものを後にしたときの気持ちを彼女がうまく通り抜けられるよう手助けできないものでしょうか？

大人が、自分の情動や感情をモリーとシェアして、モリーにも「シェアする場を与え」ることができれば、私たちはモリーに、何かをほしがるのは自然なことで、それを手に入れないことも大丈夫であると示すことになります。

これが、私たち大人がこどもに、沸き起こる内面の混乱を解決する方法、そして、混乱をうまく通り抜ける手本を示すことです。

大人がモリーとこのような関わり方、会話をすることができれば、モリーは、箱入りビスケットを離したくないという行動から、ゆっくりと、箱を大人に渡す行動へと移行するでしょう。モリーはどうしてもほしいものを手放すのですから、悲しくて残念ですすり泣くかもしれませんが、それは自然なことです。彼女は私たちに慰めてほしがるかもしれません。これも自然です。モリーをかたく抱きしめましょう。彼女は徐々に泣き止むでしょう。

モリーは今、誘惑されるという感情を感じてもいいのだと学びました。彼女は自分が悪い子だと感じる必要はなく、ほしがることで罪悪感を感じる必要もないことを理解しました。また逆に、ほしいものを何でも手に入れる必要がない、ともわかりました。私たちは彼女に怒っていません。彼女はどこにでもいるふつうのこどもです。

私はこれまで、今述べた過程が起きるのを繰り返し見てきました。そして、大人がこどもの話に耳を傾け理解することの力、こどもに「共感する」ことがどれほど大きなパワーを持っているかを知っ

（こうした大きな情動や感情に圧倒される）自分を理解するためには、大人の手助けが必要なんだ。
情動
感情
感覚
思考
行動

てたいへん驚きました。大人は、モリーの話に耳を傾け共感することによって、彼女に敬意を持っていることを示すことになります。同時にモリーが、家族・地域社会の中で受け入れられていることを示すことにもなります。

　これが、私たち大人が、どのようなふれあい方・会話・コミュニケーションを行い、どのような行動をすればいいか、こどもたちに手本を示す方法です。

　モリーは、自分が「信頼し信じている」大人が、自分の中に湧き上がる情動・感情・感覚をうまく処理できるように手助けしてくれたなら、どれほど緊張が解けて、満足し、安心することでしょう。モリーは、大人が不愉快な感情を怖がらないのを見て、そうした感情がそれほどいやなものではないと理解します。彼女はもう孤独ではありません。彼女には私たち大人がついています。それはなんと安心で心地よい気持ちでしょう。

行動にではなく、情動に対処する

　ここで、この章のはじめに起きた、ライオンのぬいぐるみひったくり事件に戻りたいと思います。あのとき私たち大人には、ザックに対応する方法がほかにあったでしょうか？　他のこどもがザックのぬいぐるみを奪ったあと、ザックが何の行動も起こさないことに注目しないで、ザックが言おうとすることに耳を傾けて理解したならば、結果は別のものになったでしょう。

　自分のライオンをひったくられたことは、ザックには、とてもショックで怖い体験でした。ザックは今、自分の大事なぬいぐるみを返してほしいと思い、ひどいことをされた恐ろしさでいっぱいになり、相手に噛みつきたい、ぶってやりたい、ひっかいてやりたい衝動にかられています。このとき私たちは、混乱している不愉快な情動・感情・感覚をザックがうまく処理できるように、どのようにサポートしたらいいでしょう。

そこで、日常生活で起きる事件を例にとって、耳を傾けて理解し、「共に感じる」ことを学びたいと思います。

あるとき、私たちが通りを歩いていると、ひったくりに会い、スマートフォンを奪われてしまいました。私たちはスマートフォンを取り戻そうとして、泥棒を追いかけるでしょう。泥棒が自分より大柄だと、怖くなって追いかけるのをやめるかもしれません。自分より小柄であれば、追いかけて捕まえて、スマートフォンを取り戻して相手をぶつかもしれません。私たちは、知らない人から傍若無人な振る舞いをされて、大事なものを盗まれたことに憤りを感じていると思います。

それでは、この体験を、ザックとつながるためにどう使うことができるでしょう？　スマートフォン事件で私たちが感じたことをザックとシェアすることは、ザックが、無礼なことをされたと感じ、自分を小さく感じ、無力感と怒りを感じて、相手を叩きたくなるのは自然なことだと示すことになります。つまり、ザックに感情を表現する場を作ることによって、彼に、どうやって混乱と困惑を解きほぐしたらいいか、お手本を示すことになります。ザックに私たちの感情を話すことによって、私たちは彼に、敬意を払われないと感じることは異常なことではなく、そう感じてもいいと示すことになるのです。

私たちがこのような方法でザックと関わると、彼の行動は、「アクト・イン」行動から、ライオンを奪われたことへのすすり泣きや泣き叫びに変わるでしょう。ザックを強く抱きしめてあげましょう。また、ザックが身体の中の圧倒されるような感覚を放散できるように、叩いたり蹴ったりできる大きなクッションを与えるのも良い方法です。ザックはゆっくりと落ち着きを取り戻すでしょう。こうし

なんでも大人が支配している。ぼくたち
こどもだって、少しは物事を決めている
（支配している）感じを味わいたいよ。
①
受容
②
感情
情動
感覚
思考
行動
③

て彼は、怒りや、乱暴を働きたいという感情を感じてもいいのだと学びます。相手を蹴りたい、自分のぬいぐるみを取り戻したいと「思った」からといって、それで悪い子になることはありません。こうした感情は、自分が大切にしているものを失うという危険な目にあったときやそうした危険が迫ったときに起きる自然な感情です（ザックはそうした感情を行動に出しませんでしたが、彼の中にはありました）。

　私たち大人は、こうした感情を持ったザックに驚きません。ふつうのこどもです。彼は彼のコミュニティの中で受け入れられています。彼は大丈夫です。

　ザックは、私たち大人が、自分の不愉快な情動・感情・感覚を恐れていないのを目にします。ということは、それらは不愉快ではあっても、それほど良くないものではないはずです。ザックはもう一人ではありません、大人がついています。ザックはとても安心しました。

第6章　私の行動は、私ではない

大人がこどもとふれあうとき、大人は自分が意識しているよりはるかに大きな権力を持っていることを忘れてはなりません。この章では、さらに二人のこどもたち、五歳のアルマンと九歳のオリビアを想像してみたいと思います。

私たち大人の存在そのもの、そして、大人とアルマンやオリビアのふれあい方は、こどもたちが自分をどう捉えるか、つまり自己像に深い影響を与えます。私たちとのふれあいがどんなに飽き飽きするもので、平凡で、同じ繰り返しであっても、大人との相互作用はこどもの自己像に影響を与え、それに価値を加えたり、維持したり、減少させる力を持っています。

意識していないかもしれませんが、大人はこどもに、継続的に目に見えない形で彼らについてメッセージを送っています。私たちはアルマンやオリビアに対して、敬意ある関わり方をするたびに、あるいは非礼な言動をするたびに、さまざまなことを伝えているのです。

さらにいえば、こどもであるオリビアやアルマンは、私たちとのコミュニケーションを未熟な思考能力を使って解釈しています。そしてこの解釈が彼らにとって良くも悪くも働きます。

さらに、この解釈は、自分に対する考え方に加えられます。解釈によっては自分という人間について安心感を抱くようになる場合もありますが、反対に自分に対する信頼が侵食され、不安定になって自信をなくす場合もあります。

第3章で、こどもは一つの見方しかできず、また白黒思考だと述べました。この思考法は、非常に微妙で、かつ深い影響を与えるために、オリビアもアルマンも、自分の「行動と自分」を別ものだと見分けることができません。

オリビアは自分の行動を自分そのものと考え、アルマンも同様です。自分と「自分の行動」を区別することができないのです。こどもの心の中で、二つはどう異なっているでしょう？

私はセラピストという職業上、大人からも、つぎのような言葉を何度も聞いています。「自分の行動が私ですよ。違いって何ですか？　それはたんなる言葉の遊びですよ」。そういう場合には、彼らと何度かセラピーをしたあとで、自分と行動は異なることを理解するためのワークに取りかかります。

つぎの表は、一連のプロセスを表します。

アルマンやオリビアが「わたし」と「わたしのおこない」を同じものだと信じていると、間違ったことをする「よくない」状況が起きるたびに、彼らが「良い」と信じていた自分の部分が劣化していくでしょう。

また、そのような状況のときに、大人がオリビアやアルマンと会話をするときに敬意を払わないと、彼らは、狭いゆがんだ解釈によって、自分には価値がない、出来が悪い、無能だ、何か欠けている、欠陥があるといった、間違った結論に至るでしょう。

やがて彼らは、自分たちがつねにＯＫであることを忘れて、何かが足りないと思うようになる可能

アルマンまたはオリビアの行動	**アルマンまたはオリビアがたどると思われる思考プロセス**	**アルマンまたはオリビアが考えることも理解することもできないこと**
私は弟をぶった	私は悪い子だ	私のおこないはＯＫじゃない、このことが私を悪い子にするわけじゃない
ぼくは弟に私の大好きなおもちゃをあげた	ぼくはいい子だ	ぼくのおこないはＯＫだ、このことがぼくをいい子にするわけじゃない
私はクラスで一番になった	私は最高のこどもだ。私はお母さんを幸せにした	私のおこないはＯＫだ、このことが私をいい子にするわけじゃない
ぼくの弟がぼくをぶった。ぼくはやり返さなかった	ぼくはいい子だ	ぼくのおこないはＯＫだ、このことがぼくをいい子にするわけじゃない
お母さんが私に走ってはいけませんと言った。私は走って、ころんだ	私はお母さんの言いつけを守らなかった。私は悪い子だ	私のおこないはＯＫじゃない、このことが私を悪い子にするわけじゃない

性があります。つまり、完全さから不完全さへと焦点が移っていきます。

この目に見えない、有害な過程は、実際、自分は十分に良い存在であると信じている部分にホコリを積んでいきます。ただその部分はホコリで覆われるだけで、破壊されることはありません。

しかしこどもは、ホコリが積もっている部分を、劣化して欠けてしまったと感じます。そうして時間がたつと、自分の中にはもうないと信じるようになるでしょう。その結果、良いと信じていた部分が腐食してなくなったという考えが内面を不安定なものにします。

そんなときにこどもが「良いものを補う」ために無意識にする行動に、まわりの「大人から認めてもらう」、あるいは「大人たちをよろこばせる」ために、自分にできるちょっとした行為を探すというものがあります。

この過程をよく見ると、それが、幼いアルマンやオリビアが、「気持ちよく感じる」感覚を手に入れるのを他の人に依存しはじめる、その端緒であることがわかります。彼らは、自分がつねに良い存在であり、どんな行動をしても欠けることがない存在であるということを、徐々に忘れていきます。

こうして一〇年から一五年たつと、この関わり方がオリビアやアルマンそのものになります。彼らは、自分が他の人の役に立つこと、他の人を考慮すること、他の人に対して思慮深いことに大きな誇りを持っています。

そして今、大人になったオリビアとアルマンは、自分が気持ちよく与えたい以上に要求してくる人に、「いや」と言うことが難しいかもしれません。彼らは無意識に妥協していることに気づかずに、もっと多く、もっと多くと、与えているかもしれません。その結果この行動は、後年、重荷になる可能性があります。なぜなら彼らは、衝突を避けようとして、あるいは友人を失うのが怖くて、「いや」と言うことができないからです。

彼らは、相手と違う意見を口にして、その人の「感情を害する」のではないかと恐れ、また、相手とのつながりをなくすことを恐れます。そして、この目に見えない恐れが、彼らの、人との関わり方を形作っていきます。

オリビアやアルマンの中で、怒りや苦々しさが大きくなり、特に自分の「善良さ」を利用していると彼らが思う人たちに対して、そう感じるようになるでしょう。しかし自分を犠牲者のように感じながらも、どうやってこの状況を変えたらいいかわからないかもしれません。

彼らは、最悪の状況に追い詰められなければ、相手に「いやだ、ノー」と言うことができません。そして、この「ノー」はとても大きく強い声で口から飛び出すために、自分を怖いとさえ感じるでしょう。彼らが再び「ノー」というためには一段と勇気が必要です。

この間ずっと、憤りと苦々しい思いはオリビアとアルマンの中で大きくなり続けます。しかし、アルマンもオリビアもなぜ自分がそう感じるのかわかりません。彼らは、自分が怒りや不愉快な感情を持っていることにさえ気づかないかもしれません。そして、内面の困惑と混乱を、他のもののせいにしていることは大いにありえます。

こうした「人をよろこばせる行動」はどこで止まるでしょうか？　この行動を元に戻すために、大人の私たちに何ができるでしょう？　大人の私たちがどのような関わり方をして手助けしたら、アルマンやオリビアが、自分そのものではなく自分の行動に気づくようになるでしょうか。

「私」と「私の行動」を区別すると、その結果、私たちの行動が、とても受け入れられないものである場合でも、自分がつねに十分に良い人間だと信じることができるようになります。

幼いアルマンとオリビアにとって、このことは、自分が完璧でないからといって、彼らの内側の世界が脅かされることがないことを意味します。自分がたまに悪いことをするという理由で、前より愛されなくなるかもしれない恐怖に脅かされることがありません。

こうして、オリビアとアルマンの内面は安心感に満たされます。それは、いつでも自分は十分に良い、良い自分が欠けてしまうことはないという安心感です。遊び（プレイ）という拡大するエネルギー（それは安心して、いろいろなものに興味を持ち、冒険するエネルギーです）とのつながりは、少しばかりのホコリで曇ることはありません。このことは、二人が大人の期待どおりに行動しないときでも、自分たちの価値が減ることがないと理解していることを意味します。

安全が確保されていると感じること、信じることはなんとよい気持ちでしょう。この気持ちは、アルマンとオリビアに、自分たちの不適切な行動を、内省して受け入れる方向へ促します。それはつま

アルマンまたはオリビアの行動	**母親と、アルマンまたはオリビアの間の会話・相互作用**	**アルマンまたはオリビアが内面に吸収する可能性のある思考**
私は弟をぶった。	あなたの弟をぶったのはＯＫじゃないね。	私の弟をぶつのはＯＫじゃない。
私は、大好きなおもちゃを弟が遊べるように弟にあげた。	あなたの弟におもちゃをあげたのは、とても思慮深いことだね。	私の弟におもちゃをあげたのは、私が思慮深いということだ（アルマンは自分の努力が母親に認められた、正当に評価された、と感じている）。
今学期、私はクラスで一番になった。	あなたはとても努力して、試験に真剣に取り組んだのね。	私はすごく努力して、そして試験に真剣に取り組んだ（オリビアは彼女の努力が母親に認められた、正当に評価された、と感じている）。
私の弟は私をぶった。私は彼を叩き返さなかった。	あなたはすごく努力をして、弟を叩きたいのを我慢したのね。どんなふうにしたの？　あなたは叩く代わりに、お母さんのところにやってきたわね。ありがとう。	弟に叩き返すことをやめようとしてすごい努力をした。叩く代わりにお母さんのところに来た（アルマンは彼の努力が母親に認められた、母親から正当な評価を受けた、と感じている）。
お母さんは私に、走らないように言った。私は走って、転んだ。	お母さんはあなたに、走らないように言ったけど、あなたは走ったね（あなたはすでにその結果を味わっている）。あなたの膝は、今とても痛いでしょうね。あなたが痛がっているのを見るのはとても辛いわ。ハグしていい？	お母さんは私に、走らないように言ったけど、私は走って、転んだ（お母さんは私を怒っていない）。私の膝は今、すごく痛い。お母さんは悲しんでいて、膝の痛みがなくなるといいと思っている（オリビアはお母さんに拒否されたと感じていない）。

「自分は、間違いを“した”。しかしいつもＯＫな存在だ」対
「“自分”は間違い（という存在）だ」
二つの思考法の結果は大きく異なるものになる。

り、彼らが、自分の行動が不適切だったと認め、自分の責任をとって説明し、謝るということです。

オリビアとアルマンは、過ちは過ちとして修正できることを学びます。彼らは今、過ちを修正するだけの内面的な強さを持っています。なぜなら二人は自分たちがつねに十分に良いということを信じているからです。過ちは彼らを定義するものではありません。過ちである、ただそれだけです！

自分の中で安心感を感じられるようになると、謝ることを、「メンツを失う」とか「自分の品位を落とす」とは感じません。謝ることで充足感はますます高まります。

「わたし」と「わたしのもの」の微妙な違い

「わたし」と「わたしのもの」という違いを理解するのは簡単ではありません。この二つを理解していただくためにさまざまな角度から説明しましょう。

英語の「わたし」は、「わたしは――だ、わたしは――できる、わたしは――するだろう、わたしは――するべきだ、わたしは――かもしれない、わたしは――と感じるなど、――の前に来る言葉です。

「わたしの」はそれとは異なります。「わたしの」の後には、わたしが所有するもの、わたしに属するものが後ろに続きます。たとえば、わたしの自動車、わたしの服、わたしの猫、わたしの妻、わたしの夫、わたしの家、わたしの行動、などです。この所有するものは、自分の外側に存在しています。これは、望むなら、またそうする手段を持っているなら、「わたしの」の後に続くものを別のものに替えることができることを指しています。車や服や猫や妻、家は、替えることが可能です（妻や夫を替えるのは簡単ではありませんが、本当に不幸な関係であればそうなるでしょう）。

同様に、「わたしの行動」というとき、「行動」はわたしのものであることを意味しています。そしてそれはわたしの外側にあります。ですから望めば取り替えることが可能です。自分の行動を客観的に観察して、その行動がどこから来たか、その行動がわたしに与えているものは何か、それを手放すのを躊躇する理由はなにか、なども知ることができます。わたしは自分が所有するものに対して責任を持ちます。行動に責任を持ちます。しかし行動がわたしを定義することはありません。

このことを理解する方法がもうひとつあります。それは行動の性質について考えることです。行動は「わたし」の一部ではありませんし、人間の遺伝子上にもありません。

話を聞いてほしい・理解されたいというこどもの欲求が満たされると、行動が変化します。「不適切な」行動が消えていき、代わりに「適切な」行動が増えていきます。同時に、なにがあっても「いつもＯＫなのだ」と信じるようになります。「わたし」は決して、減らされたり、壊されたり、小さくされるといった脅威にさらされることがありません。なぜなら「わたし」は、減らされる、壊される、縮小されることが不可能な存在だからです。「わたし」は永遠であり、「わたし」はつねに十分に足りている存在です。

この概念をシェークスピアの言葉を借りていうとこうなります。「……物事には良いも悪いもない。考え方がそうさせるのだ」（ハムレット、第二幕、第二場面）

多くの霊性の師も、無宗教者も、宗教書も、自由思想家たちも、これと同じことを言っています。私たちの「わたし」だけが存在するのです。そこには、「良い」も「悪い」もありません。そうするのは思考であり判断です。世界を解釈するために、行動や出来事を「良い」「悪い」あるいは「正しい」「まちがい」（その間の多くのもの）と判断しているのは、わたしたち（皮肉にも、私たちを意味するために使っている「わたし」という言葉）なのです。

模範を示すことがカギ

自分を観察すれば、私たちの判断のかなりの部分が、自分自身の不安や恐怖から来ていることに気がつくでしょう。

こどもたちは、自身を大人にゆだねています。そのことを理解しないまま、彼らは私たちに定義されることを許しているといえます。

こどもたちは、（こどもとその行動を注意深く区別しない）大人に頼りきっているために、自分を潜在意識で、頑固だ、怠け者だ、善良だ、完全だ、反抗的だ、すばらしいと見なしている可能性があるのです。

加えて、私たちが口にした言葉と、こどもたちが聞いて内面に取り入れたものがまったく違っていることもあります。

つぎに示すイラストの中のこどもは、大人の言葉を、おそらく、自分が不注意でバカで何も学ばないと言っていると聞いているでしょう。

たとえ大人が自分の言葉をこどもに謝ったとしても、その謝罪にとげがあるときには、こどもは謝罪ではなくとげのほうを内面に取り入れるものです。こどもは、「自分は軽はずみだ、自分は他の人にいやな思いをさせる、自分は人に大声を出させる」と聞くでしょう。こどもは、大人が自分を悪い子だと言っていると聞きとるのです。

同じような会話がくり返されると、時間がたつうちに、こどもはおそらく、自分を、「悪い、無思慮だ、バカだ、変わることができない」などと信じるようになるでしょう。

私たち大人は、こどもたちに、「自分は愛されている」「貴重な存在だ」「いつでも十分に良い存在だ」と信じてほしいと思っています。しかしながらこどもに、「あなたはそのままで十分に良い」「あなたは愛されている」「あなたは私にとって大切な人だ」と言葉で言っても、こどもたちに信じさせることはできません（彼らは頭で理解することはできます。なぜなら私たちが何度も彼らにそう吹き込んでいるからです。しかしその言葉を信じているとは限りません）。

彼らにそう信じさせるものは、大人がアルマンやオリビアと行う相互作用・コミュニケーションです。ですから私たちがこどもと関わるときに、こども自身とその行動を別ものとして、こどもに敬意を払うことが非常に重要なのです。

選択肢を与えていない。脅かしている

こどもがするべきことを完成するように手助けする

第7章　どうして「リスペクト」が大事なのか

小さな実験をしてみましょう。息を吸って止めたら、どのぐらいそのままでいられますか？　二〇秒、一、二分、いや四分も息を止めていられる人もいるかもしれません。

しかしあるところまでくると、もっと息を止めたいと思ってもできなくなります。勢いよく息を吐いて、そうしてゆっくりと深く息を吸いますね。

さて、今起きたことを考えてみましょう。私たちは呼吸をしたのでしょうか、それとも呼吸が起きたのでしょうか？　いっときなら、たしかに呼吸を抑えて自然の営みに逆らうことが可能です。しかし、すぐに爬虫類脳の層が作動します。つまり呼吸は私たちが意識的にしているのではなく、自然に起きるのです。

情動が起きるのも呼吸と同じです。私たちは情動を感じようと、意識するわけではありません。情動は自然に起きます。私たちは、短時間ならそれを無視したり抑圧したりすることができます（少しの間は息を止めていられるのと同じです）。しかし結局は情動を認めるしかありません。

私たちが心配しているとき、友人が心配するなと言っても心配がなくなるでしょうか？　たしかに一時的には、何か他のことをして気を散らすことはできます。でも静かになると、底にある「心配」という情動や感情が再び浮かんできます。

心配しているとき、「落ち着きなさい」と言っても、効き目があったことはありませんし、決して効かないでしょう。そんなとき私たちは、何回かゆっくりと深く呼吸してみることを試すかもしれません。息を吸い込みながらおなかに息を入れ、息を吐きながらおなかをへこませます。何度かこのような呼吸をすれば、しばらくの間は気が軽くなるでしょう。しかし、少し経てばまた心配する気持ちが戻ってきます。

不快な情動・感情・感覚は、呼吸と同じようにいったんは抑えることができます。それも、呼吸を抑えるよりは長く、数時間、数日、数か月、あるいは数年も抑えこむことができるかもしれません。それはしかし、蓄積され、抑えられ、内面深くにある箱に閉じ込められて、私たちは不快な情動や気持ちがあることにさえ気づかなくなっているかもしれません。

その結果何が起きると思いますか？　私たちが遠ざけてきた、未解決の不快な情動や感情や感覚は、突然、びっくり箱から出てくるような勢いで外に飛び出します。それもたいていの場合、最も悪いタイミングで、不快で不適切な瞬間に、です。

この「抑えられた」情動や感情の表現は、人によって少しずつ出てくる人もいますし、巨大な爆発を起こす人もいます。そして「抑えられた」感情をまわりに見せない人たちは、内部爆発を起こしていることでしょう。どちらにしてもそれは私たちのエネルギーを奪い、私たちに大きな被害を与えます。

家族の問題の根には、ほとんどの場合こうした「抑えられた」情動や気持ちがあります。たとえば夫婦の間で、誰がゴミを外に捨てに行く番かなどの小さなことで揉めたとします。

そして、小さな緊張が走ったその瞬間に、揉めている問題とはまったく釣り合わない大きな爆発が起こって、お互いに心にもない言葉を吐いて相手を傷つける場合があります。もはや問題はゴミを外に出すという小さな問題ではなくなります。どうしてこんなことが起きるのでしょうか？

それは、当人の中に閉じ込められてうっ積した情動や感情が、思いもかけない折の悪いときに飛び出してくるからです。

ところで情動や感情が起きるのには、わけがあります。ここで私たちの情動脳、そして情動と感情の目的について考えてみたいと思います。

情動脳にとって、部族に属する一人ひとりが大事だということはすでに述べました。どの人も、部族に貢献する人間として価値を与えられています。情動脳は、お互いを守りあい・支えあい・育てあうために、つまり受容するようにプログラミングされています。そのため情動脳は、どんな些細なものでも、部族・集団・他の人からその人を遠ざける可能性がある行為や行動を脅威と見なします。

情動脳も、爬虫類脳と同じように進化的にたいへん古いものです。私たちがこの情動脳の層を理解して、それがリスペクト（話に耳を傾けられ、理解される）を要求していることを認識して動くと、脳と身体のストレスは減少します。

酸素が十分にあると呼吸が少し楽になるように、敬意がいつでも手に入る環境では、より楽で深い呼吸が可能になります。

爬虫類脳にとって空気や食べ物や水が必要であるように、情動脳には受容と敬意が欠かせません。

第1章で触れましたが、敬意の元来の意味は、私たちがベストを尽くして相手の話に耳を傾けて理解するときに、相手に捧げる、価値をはかることができないもののことです。私たちは、こどもたちの話に耳を傾け彼らを理解することによって、こどもたちをリスペクトしていることを示しているのです。

こどもたちは特に敬意と受容に敏感です。彼らは、大人を支配的でないと感じ、大人が自分たちと一緒に取り組み、話に耳を傾け、自分たちの観点を理解してくれると感じると、情動脳がリラックスしはじめます。

こどもがリラックスして、大人に押し切られるようなことがあっても恐怖を感じなくなったかどうかは、彼らが浅い呼吸から少し深い呼吸へと変化するのでわかるでしょう。こうなったときには、彼らの行動が防衛モードや攻撃モード、あるいは沈黙モードになることはありません。

大人のほうは、こどもたちを果てしなく矯正したり直さなくていいのだとわかって大きな安堵感を感じるでしょう。こどもたちはまわりの世界に対して、こどもなりの感覚を持っています。その中で彼らはつねにベストを尽くしています。私たち大人の仕事は、彼らが自分の行動の責任をとるように導くことです。彼らの「行動を直す」ことではありません。

こどもの行動はその子自身の責任です。私たちは、こどもたちが、大人に耳を傾けられ理解されていると感じる環境を作るだけです。こどもたちはその環境の中で、私たちに大事にされていると感じ、受け入れられていると感じ、敬意を払われていると感じます。すると彼らの不適切な行動は、時がたつにつれて変化します。なぜなら、情動脳が厳戒態勢をとらなくなったからです。情動脳はもう拒否されることを恐れません。

こどもたちにこのような態度で接するとき、私たちは、自分自身の呼吸がよりくつろいだ呼吸に変化することに気がつくでしょう。実際、私たちは自分たちの身体にやさしく、自分を大切にしているのです。また、こどもとの相互作用は、これまでよりストレスがなくなります（最初はこの方法に慣れていないために、ストレスを感じるかもしれません）。

情動脳の敬意に対する欲求は非常に深いものがあり、また「リスペクト・敬意を払う」という言葉は誤解されがちです。そこで、もう一度これまで学んだことを確認したいと思います。

・爬虫類脳にとって呼吸が自然に起きるものであるように、情動脳にとって情動は自然に起きるものです。
・爬虫類脳に酸素が欠かせないように、情動脳にはリスペクトを通した受容が欠かせません。
・私たちが自分自身と相手を敬意の目で見るとき、私たちの態度は、自分と相手に対してよりやさしくなるでしょう。
・私たちはまた、他人の行動を「修正する」「変える」必要がないことを理解しています。こどもの行動は、彼らが私たちから耳を傾けられて、私たちから受け入れられていると感じたときに変わります（こどもにとって、敬意の目で見られることは、イコール、受け入れられ、大事にされていると感じることです）。
・相手がこどもでも大人でも、言語以外で敬意を示すことは、相手を受け入れていることを伝えるものです。すると相手の脳は一体感を記録して、前より安全に、あるいはもう少し安全になったと感じます。その結果、相手の脳がリラックスできるようになり、相互のやりとりが良い結果を生むチャンスが非常に高くなります。

第Ⅱ部　こどもたちとの関わり方

第8章　知識を実践につなげる

ここまで私たちは、こどもの内面を理解し、大人の私たちが意図していない、意識していないメッセージをこどもに伝えないようにするにはどうしたらいいかを学んできました。

第Ⅱ部では、ふだんの生活の中で、こどもに敬意と共感と思いやりを持って接することで無意識メッセージを取り除く方法について述べたいと思います。

また避けるべき落とし穴についてお話しするとともに、こどもたちに対する接し方を変えはじめたときに起こりうる一時的なネガティブな変化についても述べたいと思います。

さらに、さまざまな「状況」をこどもの観点から見ることを学び、無意識メッセージを送るのを避けるための実用的な提案も行います。これは、こどもたちと会話をするときに、言葉と非言語のメッセージが一致することを意味します。

加えて、こどもに、私たちの言葉を「支配的」と感じさせ、彼らが人生を自分で支配するのを許さないように聞こえてしまう、そうした危険な道に脳を引き入れる引き金にはどういうものがあるかを理解していただくために、いくつか提案をします。

まず実際の方法に関して述べる前に、これまでお伝えしたことを確認したいと思います。

第I部では脳の進化を学び、リスペクトされている、大切にされている、受け入れられていると感じたいという、人間としての必要性について学びました。情動脳が、受容の欠如イコール拒否と受け取ることも学びました。

また、外側の出来事に対する反応としてこどもに（大人にも）起きる可能性のある、情動と感情と感覚の混乱について学びました。そして、こどもたちが行動によって、自分たちの内側の混乱を表すことを学びました。

私たちは、こどもたちの「不適切な／ＯＫでない」行動に対して、大人の私たちが不用意に伝えがちな、破壊的な無意識メッセージについて学びました。そのメッセージは、こどもたちを、自分は孤立している、まわりから離れている、おそらく拒否されていると感じるままに、放置します。

大人はつぎのことをしっかりと覚えておいてください。それは、こどもたちが、拒否される危険があることを潜在意識で信じている限り、大人に近づくことがとてつもなく難しいことです。この拒否される恐怖を彼らが通り抜けるのを手助けするには、大人の側に本物の寛容さと大きな忍耐が必要です。私たちはこれを、彼らの話に耳を傾けることによって行います（この間私たち大人は、自身の中に浮かび上がるであろう自分自身の中の恐怖や、不安や、心配、ジャッジメントなどに気づいて、それを制御しなければなりません）。

こどもと関わるこの一連の作業のそのものが、こどもたちに、私たちに受け入れられていると感じさせることになるでしょう。

私たちはさらに、こどもの中でわきあがる情動・感情・感覚が正当で自然なものであり、人間としての姿の一部であることを、こどもたちが理解するように私たちが手助けできることも学びました。彼らの内面の混乱がおさまったあとは、こどもたちの脳はもう、受容されるための、拒否されたときの準備をするための、あるいは拒否されるのを少しでも減らすための、戦術を探そうとはしなくなるでしょう。その代わり、無駄にされなかったエネルギーは、思考脳が直近の問題について内省するのに使われることになるでしょう。そうなって初めて、大人の私たちは、「こどもが自信をもって実行できる」解決法を自分で見つけるように、彼らをサポートできます。

私たちが、一貫性をもってこのような相互作用・関わり方をし続ければ、こどもたちは、自分たちが家族や地域社会の貴重な一員であるという理由で、大人たちから尊敬されている・育まれていると感じることでしょう。これが彼らに、自分は受け入れられていると感じさせるのです。そして受け入れられていることで、彼らの中に、自信、自分を尊重する、自分の価値を認める、などのすべての良いものが育ちます。

ここで、第4章で学んだ、こどもの三つの性質を振り返ってみましょう。大人からの敬意と思いやりによってこどもが肯定的に手助けされたことは、つぎのような変化からわかります（変化の大きさは脳の発達によって加減されます。どの変化も、こどもの年齢が上がるにつれて、より焦点がはっきりしてきます）。

こどもの性質1——こどもは他人の観点から見ることができない

変化1：こどもは、単純な白黒思考から脱し、他の観点を理解するようになり、グレーゾーン、あいまいさなどの、膨大な部分があることを理解する。以前よりずっと広い視野を持つようになり、他人の視点を受け入れることが多くなる。

こどもの性質2――こどもはファンタジーの世界を信じる

変化2：こどもはファンタジーの世界を信じる世界から離れる。この交代はこども自身がまわりの世界を観察することで起きる。一方で、天地万有を、親切ですべてがつながっている場所として信頼していることは変わらない。

こどもの性質3――こどもはまわりの世界を単純に体験する

変化3：こどもは、強い情動や感情や感覚に徐々に圧倒されないようになる。それらを受け入れて制御する能力を発達させ、情動や感情や感覚が人間という織物を成す一部であることを理解する。

こどもに、他の考え方をしなさいと言葉で言うだけで、ここに述べた変化が起きるならどんなにいいだろうと思います。しかし言葉は学習過程のごく一部にすぎません。脳回路はつねに形成されると同時に減少しており、こどもに向かって、あなたは私の大切なこどもよと言うだけでは強力な回路は形成されません。それができるには、彼らを受け入れていることを実際に示さなければなりません。つまり、大人がこどもの言うことに耳を傾けて理解し、こどもが話し、内省し、みずからの問題の解決法を彼ら自身で見つけることを許すことです。

私たち大人は、こどもたちが自らの感情を理解するように手助けをし、また、彼ら自身の感情とそれに伴う感覚に親しみを持つようにサポートします。また内省し、選択するようにサポートし、そのあとも自分が判断したことの結果を受け止めることができるように手助けします。どんなときにもこどもを貶《おとし》めることはしません。このようにすれば、こどもは、大人から耳を傾けられている、理解されていると感じます。

こどもに敬意をもって関わる過程では、こどもたちに共感と思いやりをもって、彼らの個性が「受け入れられた」と感じるように手助けすることも含まれています。そうすれば彼らは開花します。そして今度は彼らが、私たち大人を、私たち大人の風変わりなやり方を受け入れてくれるでしょう。

それではこれから、どうやって敬意に満ちた環境を作ればいいかを学んでいきましょう。

敬意をもってこどもに関わる

第9章　つながりがすべてに優先する

まず、ハルキという七歳のこどもを想像してください。彼の脳が敬意と受容が欠けていると感じると、身体がリスペクトの欠如を表現する、「脅威モード（闘争）」になります。これが、私たちには、ハルキが、怒っている、無作法だ、攻撃的だと見えます。

つぎに、九歳のエリザベスを想像してください。彼女の脳が敬意や受容が欠けていることを感じると、身体はそれを表現する、「脅威モード（逃走）」になります。大人には彼女の態度がひきこもりやだんまりを決めているように見えます。

これらの「無作法さ」や「内にこもる」態度は、どちらも人間の進化の過程から来ています。二人の行動は異なっているように見えますが、二人の情動脳はどちらも、自分は受け入れられないかもしれない、拒否されるかもしれない、拒否されている、という恐怖から本能的に彼らを守っているのです。

しかし大人たちには、彼らの「無作法さ」も「ひきこもり」も自己防衛には見えません。ハルキのようなこどもがアクト・アウトするとき、エリザベスのようなこどもがアクト・インするとき、その行動が別のことを表しているしるしだと気づくのは簡単ではありません。

大人はまず、すぐにこどもたちのところに駆けつけて彼らを矯正する必要はない、と自分に言い聞かせなければなりません。これまでに紹介したザックやモリーの例を思い浮かべて、アクト・アウトとアクト・インの行動を思い出しましょう。

そして、ゆっくりと深呼吸をしてから、まずはこどもたちとのつながりを作りましょう。

それには、彼らの情動脳が冷静になるように、彼らを手助けする必要があります。こどものそばにいて、話に耳を傾けて敬意を示し、こどもとつながりを作りましょう。

こどもたちは、受け入れられたことを感じはじめると、情動脳がくつろぎはじめます。これで最初のミッションが達成されました！

もちろん、日頃からこのつながりを作るのは、言うは易く行うは難しで、実際は簡単ではありません。ハルキのまわりにいる大人たちが、彼の行動を直そうと懸命になっていることを想像してください。

たいていの場合、私たちの頭に浮かぶのはこんな疑問でしょう。「私たちは、ハルキに何も悪いことをしていない。でも彼は私たちに対してすごく無作法だ。どうしたらいいだろう？」

ハルキのまわりにいる大人たちは、おそらく、ふだんハルキに意見を押し付けて、彼をよく観察することもしないで、話を聞こうともしないで、彼の行動をあれこれ指示しているのでしょう。もちろんわざとそうしているのではないでしょうが。

エリザベスのまわりの大人たちが、エリザベスが感情を抑え、相手に仕返しも反応もせずに我慢しているのを見て、彼女を誇らしく思っているところを想像してください。大人たちには、彼女の行動

２種類の脅威モード

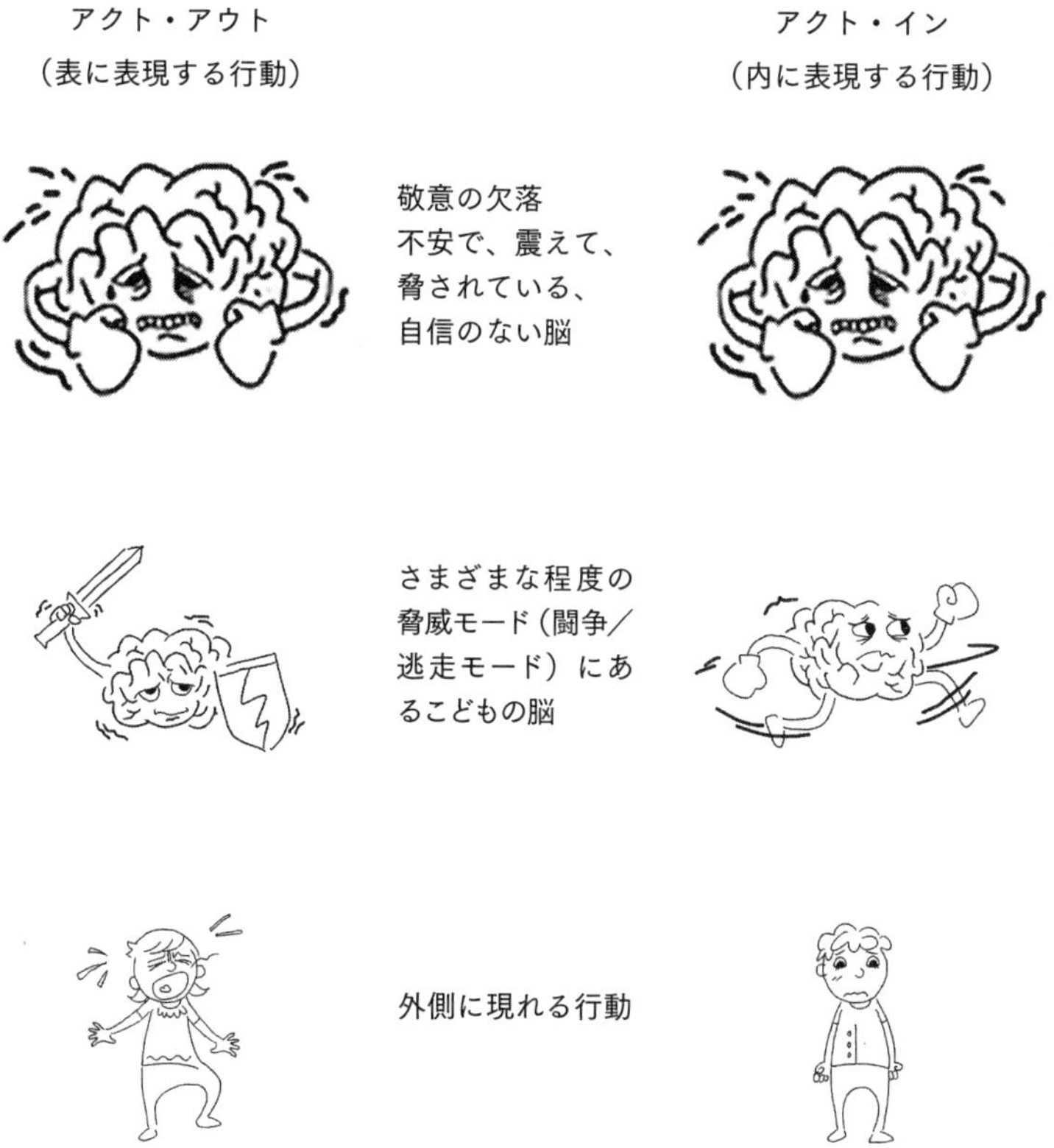
アクト・アウト
（表に表現する行動）
アクト・イン
（内に表現する行動）
敬意の欠落
不安で、震えて、
脅されている、
自信のない脳
さまざまな程度の
脅威モード（闘争／
逃走モード）にあ
るこどもの脳
外側に現れる行動

がとても好ましく見えて、気に入っています。

大人にはこんな疑問が浮かぶかもしれません。「エリザベスが自分を抑えて品位を保っていることのどこが悪いの？　それに対して何かするべきだと思う？」

しかしハルキの中でもエリザベスの中でも、私たちが気づいていないことがたくさん起きているはずです。それに対して私たちができることはただ一つ、彼らとつながって、大人と一緒にいると安心だという、これまでとは異なる体験を与えることです。

そうすれば、二人は、やさしさと思いやりを体験することで、世界はいつも危険な場所というわけではなく、信頼できる大人もいることを再び肯定できるようになるでしょう。

正直なところ、これは想像上のハルキやエリザベスに限ったことではありません。私たちはふだんの会話やふれあいの中で、こども（大人にも）たちに自分の意見を無理強いしているかもしれないのです。

おそらくそれはわざとではないでしょう。伝えたいことをわからせようとしているだけかもしれません。そうして、こどもから迅速な反応がないと、繰り返し押しつけ続けます。

自分が関わっているまわりのこどもたちを「観察」することを学ぶと、自分がいつ、こどもたちに、物事を慎重に押し付けるかに気づくようになります。そして、それがわかれば、こどもたちとの関わり方を変えることができるようになります。

相手を観察することにはもう一つ利点があります。相手と自分の関わり方について気づくことが増えると、自分の行動に気づく機会も多くなり、自分の「適切でない」行動を修正することにつながるのです。

大人が見ているもの

アクト・アウトの行動　　または　　アクト・インの行動

こどもの内側

脳の中は、さまざまな程度の闘争／逃走モード

内面の、深いところは不安定で、震えている、不安な状態

アクト・アウト――戦う行動
けんか腰、無作法、反抗的、
「限度を試す」行動

内側――さまざまな程度の、
自信のなさと不安感

アクト・イン――逃避行動
外側はすべてが大丈夫に見える、静かで、過剰な受容

内側――さまざまな程度の、
自信のなさと不安感

受容の欠如／拒否は恐怖と不安を生む

直すのは行動ではない

モリーやハルキのようなけんか腰の行動、あるいはザックやエリザベスのようなひきこもった態度を目の前でみると、大人は、彼らの内面がとても不安で震えていることを忘れがちです。そして彼らを失敬なこどもだと考えたり、すぐにしつけなければと考えたりするものです。

そんな状態のときに、こどもたちに無理強いをしたくないと思うなら、あるいは、こどもが暴れたときに自分が不安になりたくなければ、つぎの三つを覚えておきましょう。

・よくこどもを観察し、相手が「けんか腰」あるいは「無表情な様子」であっても内面はとても不安定だということを思い出すこと。そのことを認識すると、こどもとのふれあい・会話の中で、良いつながりを持つことができる。

・こどもをとりあえず信じることにする。つまり、こどもはどの子も、「ベストを尽くしている」ことを信じる。同時に、私たちは、彼らの行動がどこから来るのかを理解したいのだと信じる。

・自分が「盾と剣」を引き抜いてはならないことを思い出す。またこどもの行動が従順さにかけるとか、敬意が足りないとする自分の解釈を、それ以上前に進めるべきではないことを思い出す（もちろん私たちの脳は敬意の欠如を感じて危険を感じるかもしれません。また脳にすでにプログラミングされている、敬意の欠如に対する恐怖へと進む可能性もあります）。

こどもに関わるとき、まずつながりを作ろうという態度を取るならば、成功への道を進んでいるといえます。こどもの行動を直す前に、大人の意見を話す前に、一番にすることはつながりを作ることです。

大人がこどもとつながったと感じることができて、こどもが私たちとつながったと感じることができれば、大騒動劇の大部分が剥がれ落ちます。こども側に、大人の言葉に耳を傾ける余裕ができます。またこどものほうから大人たちに話す余裕もできます。

このつながりは大きな力を持っています！　私たちとこどもたちの関わりを一変させる力があります。しかしつながりはファンタジーの世界のように一夜にして起きるものではありません。最初の何回かは、こどもの「不適切な」行動が増えることもしばしば起こります。これは双方が新しい関わり方に合わせようとしているときによく起きる現象です。

こどもの情動脳が「脅威」モードからくつろいで静かになるまでには、少し時間がかかるでしょう。特につながりを作ることを最優先にする最初の期間は、長い時間がかかるのがふつうです。

こどもの脳が私たちとのつながりを感じるまでの時間は、こどもにもよりますし、こどものまわりにいる大人にもよりますが、幼いこどもでだいたい一五分から二〇分かかります。年齢が上がるにしたがって時間が長くなり、ティーンエージャーの場合は数時間かかることもあります。

つながりがすべてに優先する

脳の中は、程度の異なる脅威（闘争／逃走）モード

↓

私たちがするべきこと：耳を傾ける、理解する

↓

脳がリラックスして落ち着くまで、こどもの内面で起きていること

↓

やれやれ、すごく安心したよ。私の話を、耳を傾けて聞いてもらった、理解された。私は受け入れられた

↓

深く息をして、リラックスできる。これで今、あなた（大人）が言わなければならないことに耳を傾けることができる

こどもを正す前にこどもとつながる

第10章　受け入れるか、支配するか――二つの関わり方

私たち大人、とくに親や教師は、自分が世話しているこどもたちを「非常に案じて」います。そして、こどもたちが「模範的」市民に成長するようにベストを尽くそうと思っています。こどもたちが将来、自分にも他人にも責任を持ち、自分も他人も大事にし、「加えて」人生の荒波に勇敢に立ち向かう人になることを願っています。

私たちはこどもたちを心から思いやっています。そして自分たちの責任を果たすことを真剣に考えています。

しかし私たちは、責任を果たす方法がほかにもあるとは考えません。自分とこどもとの相互の関わりにおいて、支配するのではなく、受け入れる方法があるかもしれないと考える人は、ほんの一握りです。たとえそれが、とてつもなく大きな差を生むことであっても、です。

ここで受容と支配の違いを示すために考えたわかりやすいシンボルを紹介します。こどもと関わるときにこのシンボルを思い浮かべて、そのときの関わり方が受容なのか支配なのかを見分けるのに役

立ててください。

・敬意と受容の関わり／会話は、二本の手が、同じ高さにあります（上）。同時に、どちらの手も、相手の手のスペースに侵入しません。

・支配している関わり／会話は、一方の手が、もう一方の手より上にあります（下）。

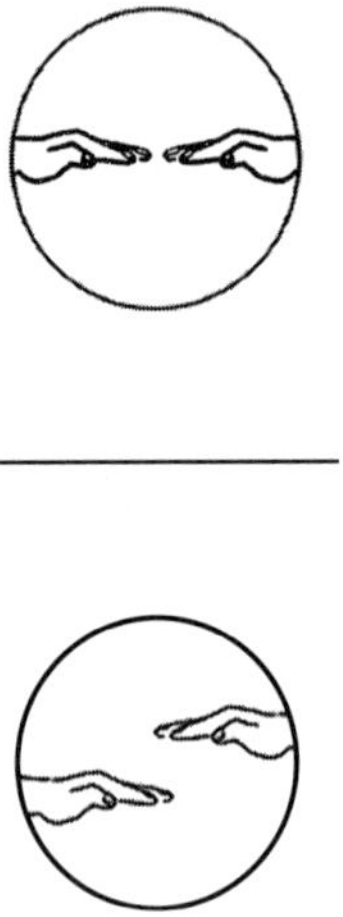

敬意と受容をともなう関わり方

両手を心臓の高さで押し付けあってください。それから両手の中指を中心にして開き、手の高さはそのままで、中指同士がようやくくっついている状態にします。

同じ高さの手のひらは、二人の人が心から互いを尊敬しあって「関わる・会話している」ことを示しており、情動脳が必要としている受容と敬意が満たされている状態を表しています。すべてが良好な状態です。お互いに同意していない点があっても、お互いを気持ちよく感じている状態です。これが、お互いに違いがあっても、お互いを受け入れているという穏やかな感覚です。

支配と（他の人から）認識される関わり方

両手を胸の高さにあげて、手のひらを下にしてください。手はそれぞれ、関わりあう二人を表します。つぎに、片方の手をもう片方の手の上に動かしましょう。

これは、一方の人がもう一方に強要していることを表します。同じ高さではありません。どちらの人も相手を、正しく見て、聞いて、理解することができません。どちらの人も誤解されていることを少なからず感じるでしょう。また会話中に大切にされないと感じる可能性があります。この状態がもたらすものは、フラストレーション、いらだち、むしゃくしゃ感、怒り、落胆、悲しみなどです。

二つの関わり方の違いをイメージできれば、支配的関わり方・支配的会話から、受容と敬意の関わり方へと向かうのが容易になるでしょう。

つぎに紹介するのはふだんの生活でよく見られる、大人とこどもの関わりの例です。大人が受容と敬意ではなく、支配する関わり方をしていることがわかると思います。登場するこどもと年齢は、三歳（幼児）のアリーヤ、八歳（小学生）のアーチー、一三歳（ティーンエージャー）のビクラムです。

ソファでジャンプするアリーヤ

アリーヤは三歳の女の子です。彼女はいま、ソファの上でジャンプしています。私たち大人は彼女にやめなさいと言い続けていますが、言うことを聞きません。まもなくアリーヤはソファから落ちました。大きな泣き声が聞こえてきます。私たちは、「だからダメって言ったでしょう」と大声でアリ

他の人との相互作用は

受容　　または　　支配

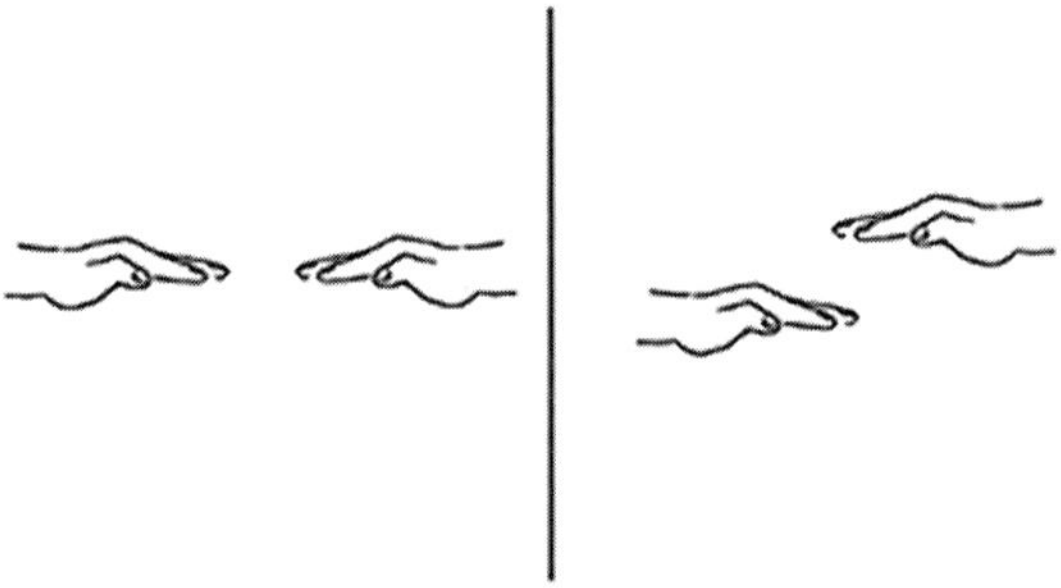

…のどちらかを通じて行われる

ーヤに言います。私たちが、この子はまたソファから落ちるかもしれない、でもこの子は聞き分けがないと心配するほど、声はますます厳しくなるでしょう。

一方のアリーヤの身になってみましょう。彼女はもちろん私たちの言葉を聞いていました。彼女は大人たちの言葉を、自分を楽しく遊ばせてくれないと解釈していました。ソファはとても魅力的で楽しそうなので、アリーヤは湧きあがる強い欲求に抵抗できませんでした。彼女はそういう理由で、ソファで飛び跳ねたのです。

そうして五回目のジャンプで、アリーヤはソファから落ちて痛い思いをしました。大人たちはそれを見てガミガミ叱りはじめ、間違った行動だと言って、彼女に恥ずかしい思いをさせました。アリーヤはすでに身が縮んだように感じていましたが、今や、もっとちっぽけになって消えてしまいそうに感じています。

彼女は、自分を落ち着かせてくれるのに必要な大人たちに話しかけることができません。アリーヤは私たちに、情動と感情と感覚の混乱をわかってほしくて、さらに大声を出して泣くでしょう。

理解しがたいと思いませんか？　アリーヤは大人の忠告に従うべきでしたが、そうしませんでした。大人はこれからも支配するでしょう。そして、彼女はこれからも似たようなことを繰り返して、つぎのようなことを学ぶでしょう。それは、アリーヤが、大人からなだめて手助けしてもらいたくても、物事が大人の望みどおりに進まない限りは大人に近づくことができない、ということです。どっちにしても彼女が悪いのです。

もちろん私たち大人は、アリーヤがソファから落ちて痛い思いをしたことに気づいています。しかしながら、彼女のもう一つの痛み、つまり大人から距離を置かれているという情動的な不快さ、拒絶され見捨てられている不快さには気づいていないのではないでしょうか。この情動的不快さが、アリーヤの中で情動と感情と感覚の混乱を引き起こしているのです。

読者に信じてほしいのは、これが現実であるということです。私が出会ったこどもたちは、私という大人が安全だとわかると、この不快さについて詳しく話してくれました。彼らは、この不快さは身体の痛みよりもずっと大きいと訴えました。

アーチーとお弁当箱

つづいて、こどもと大人の関わり方で日常的に起きている支配行動を示す、二番目の例を紹介しましょう。八歳のアーチーはお弁当箱をしょっちゅうどこかに置き忘れます。彼は、お弁当箱をなくすたびに大人から叱られるので家に帰るのが怖くてたまりません。

彼は、お弁当箱をなくさないように自分なりにとても気をつけているのですが、それが起きてしまいます。緊張すればするほど置き忘れる確率が高くなります。そうして何度も同じことが繰り返されます。

大人たちは、自分たちの中で非難が高まるのを、また彼の行動に落胆していることを、公然と、あるいは暗に、言葉に出して、あるいは言外に表現しはじめます。アーチーは大人たちの非難と落胆を聞き、目にします。

ところでアーチーには、自分の行動と自分自身は別ものであるということがわかりません。彼は、私たち大人が、彼の問題、つまり彼はベストを尽くしている、そしてお弁当箱が消えてしまう、ということを理解していないと思っています。大人がお弁当箱のことを口にするたびに、アーチーの不安は大きくなるばかりです。

この時点でアーチーには大人の手助けが必要です。それは、どうしたらお弁当箱を置いた場所を忘れないかといった「アドバイス」ではありません。なぜならアドバイスは少しも役に立たないからです。ただ大人にはこのことがわかっていません。

大人は、責任感を育てようとして、アーチーにどんどん厳しくなります。そしてアーチーはといえば、大人の提案を受け入れているように見えます。しかし彼の内面は、自主性が失われたように感じているでしょう。そして大人を、自分を「修理」することによって支配していると見るでしょう。

このとき、彼の脳は私たちからリスペクトを受け取っていません。私たちは彼を「下にして」話しています。彼の脳はどれほど不安でしょうか。アーチーの情動脳は、基本的欲求である敬意が得られないという脅威が高まるにつれて、お弁当箱を置いた場所を思い出させてくれる思考脳から切り離されていきます。なんという皮肉でしょうか。

そうして事態はますます悪化します。アーチーの情動脳は、リスペクトを得られずに不安になればなるほど、必死で敬意を探し求めます。彼は、大人が彼の「つくり話」を信じてくれることを願いながら、お弁当箱がどう消えてしまったかというお話を作ることになるかもしれません。こうして彼はもう一日だけ危険を逃れます。そして、新しいお弁当箱を持って学校に行くことになる明日には、また同じことが繰り返されます。

こうした「お弁当箱の日々」の間、アーチーには自分の行動について内省する余裕はないでしょう。なぜなら彼の気持ちは、大人から非難されないように、孤立しないように、拒絶されないようにすることでいっぱいだからです。

その後も、お弁当箱が消える日は続きます。アーチーは、自分がプラスチックの箱に「責任」を持つことができないこと、そして、そんな自分に対する大人の態度と声の調子から、自分は大人たちから、うっかり者で、忘れっぽくて、頑固で、迷惑な存在で、何の役にも立たないと見られているに違いないと信じることになるでしょう。

やがてアーチーは内面が不安定になります。自信がなくなります。私たち大人は、彼を「ダメなやつ」「足りないやつ」「負け犬」と見ているかもしれません。これで大人はどうアーチーをリスペクトできるというのでしょう？　どんな敬意を彼に払うことができるというのでしょう？　負け犬に味方する人は誰もいません。

それ以上に悪いのは、時間がたつにつれて、アーチー自身が「自分はダメなやつだ」「忘れっぽくて、うっかりやで、頑固で、怠け者で、迷惑者だ」などと信じはじめるかもしれないことです。

これらのレッテルはアーチーをこういう人間だと断定しはじめるでしょう！　そして不安定な階段を一歩滑り落ちるごとにますます内面が不安定になっていき、彼の芯にある「ぼくはありのままでいい」という信念が崩壊していきます。

アーチーはしかし内面で起きていることを何も意識していません。これは無意識に行われていることです。

私たち大人は、アーチーが自分とお弁当箱に責任をとるようにベストを尽くしただけなのですが、その過程でアーチーからひどく誤解される事態が生じました。なぜなら私たちは、支配的な関わり方をしていたからです。支配を用いた関わり方をすると、両者ともに敗者になってしまいます。

では、彼にはおこごとを言わず、にっこり笑って新しいお弁当箱を与えるべきでしょうか？　もちろんそうではありません。自分のお弁当箱に責任を持たせ、彼の態度と行動にも責任を持たせるように促す方法があります。

それが、こどもたちを受け入れて敬意を払って接する方法です。そうすればアーチーの情動脳は、冷静さを保つことができて脅威を感じません。すると思考脳は、自分の行動を内省することができるようになります。結果として彼は、自分で問題を解決し、お弁当箱を見つけることになるでしょう（あるいはスクールランチを食べることにするかもしれません）。

ビクラムとスマホゲーム

三番目の例には、一三歳のビクラムに登場してもらいましょう。彼は自分をとても勤勉だと思っています。しかし大人の基準では勤勉とまではいきません。大人が、もっと勉強しなさい、この成績ではまだ良くないと「言う」たびに、彼には、「ビクラムはできないやつだ」と聞こえます。

ビクラムは、自分自身に圧力をかければかけるほど頭の中が真っ白になり、真っ白になればなるほど、ストレスを少しでもなくそうとしてますますスマホゲームに没頭します。スマホゲームの世界では少なくとも彼は勝者です。彼が信じるようになった負け犬という自分の姿ではありません。

あるとき、何気なく私たちが彼の部屋に入ったとしましょう。するとビクラムが試験勉強をそっちのけでオンラインゲームをしていました。私たちの中には、そういう場面を見たとき、とても不安になる人がいるでしょう。そして不安から、ビクラムが試験を真剣に考えていないという思いが強くなって、本人以上に、彼の将来を深刻に考えてしまうかもしれません。すると、この不安が「不適切な調子」を伴った「不適切な」言葉となって、連続的に口から出てくる可能性があります。

私たちの願いは、ビクラムが良い成績をとり、志望の大学に入り、将来良い生活をする、ということだけです。しかし善なる意図の大部分は、ビクラムの解釈の中で失われてしまうことでしょう。

ビクラムは、大人が彼を見下していて、実際は彼がベストを尽くしていることを理解できないと思っています。

彼は私にこう打ち明けてくれました。「ぼくがＡプラスをとったときには、ぼくは価値ある人間として大人から誇らしげに吹聴されるんだ。でもそうじゃないときには、隠される、恥ずかしいやつになる。ぼくは、大人のモノみたいになるのが嫌になった」

ビクラムもまわりの大人たちも、何がこの行き詰まりを招いているか、その原因に気づかないようです。ビクラムは勉強しているとき、おそらく頭が真っ白になっています。彼は心の奥で、失敗して私たちを落胆させることを恐れているのでしょう。彼の脳は拒絶されることを恐れているのです。学ぶための思考脳の能力をブロックしているのは、ビクラムの、この恐怖ではないでしょうか。

これまで私がセラピーをした若者たちは、たびたびこの断絶、つながりの欠如を口にしました。

「お父さんは支配中毒で、こっちは絶対に勝てない」「何を言っても、お母さんは回答を持っている」

「お母さんの方法がいつも一番だ。ぼくのやり方はほとんど相手にされない」

ビクラムはこう説明します。「ぼくが話したって、何の意味もないです。そうしたとしても、いつもぼくは母さんが話すのをずっと聞くだけ。ぼくが家族とコミュニケーションしないとか、社会に反抗しているとか、いつも自分の部屋にこもっているとか、言われるだけ。そのうちお父さんがぼくからスマホを取り上げるんじゃないかと思う。だってお父さんは、ぼくがゲームをしているから家族とコミュニケーションをしないと考えているから。でも本当のことを言っても何の意味もない。どっちみちぜんぜん聞いてもらえないから。二人とも、ぼくが誇張している、何倍も大げさにしている、と言うに決まっている。ぼくの言葉は聞いてもらえない。どっちにしてもぼくは負けるだけ」

私たち大人は誰でも、こどもや若者のことが不安で、心配して、気にかけています。こどもたちが成功することを願い、自分たちよりも成功してほしいと思っています。一方で、こどもたちは私たちの心配を聞きとろうとはしません。こどもたちの耳に入るのは、大人たちの、いらだち、当惑、怒り、不機嫌さ、性急さ、落胆だけです。

権力と支配

私たち大人は、こどもや中高生と関わるとき、自分が自動的に権力を与えられている立場にいることを忘れてはなりません。これは、大人とこどもという年齢の違いから来るもので、また親や教師、講師、メンター、おじやおばという責任ある立場から来るものでもあります。

こどもたちを「圧倒」し支配するためにこの権力ある立場を使うことは簡単です。大人の中には、「私は君よりなんでも知っている」「君は私の言うことを聞くべきだ」「君は若すぎるから理解できない」などという言葉をしょっちゅう使う人がいます。

ビクラムやアーチー、アリーヤのようなこどもたちは、こうした言葉を聞くと、ヒエラルキーを強く認識して、黙らなければならないと感じます。なぜならこどもは大人を尊敬するものだと想定されているからです。それで、何か言ったりすると、大人に無作法なことをしたと誤解されるのではないかと恐れるのです。

さらに、こどもが大人の態度をどう感じているかを率直に話したなら、大人はこどもの感情を一蹴して、もっと距離を置くかもしれません。そうなると情動脳はさらに危険を感じることになります。

また、大人が支配的な関わり方をすることで、こどもたちは、「大人はリスペクトされるべきだ」という概念と「権力は支配することで得られる」という概念を結びつけるかもしれません。

もちろん他人を支配することで手に入るリスペクトは「偽物」であり、情動脳が切望している元来の敬意ではありません。

とはいえ、二つは簡単に混同されます。こどもたちは深く考えないで、力でリスペクトを獲得して、「リスペクトを手に入れた。不安定な内面は誰にも知られない」と信じてしまいがちです。時がたつにつれて、彼らは、不安定で自信のない感情を押し殺して、支配することを飽くことなく求めるようになるでしょう。彼らは自分の態度に気づくことさえありません。そして表面では力と支配を探し求め続けます。彼らの支配的な相互作用の形は、彼らが大人になったときに、人間関係と健康に非常に良くない影響を与える可能性があります。

受容と敬意を持った関わり方

この章では二つの異なる相互作用について明らかにしました。見てきたように、支配と認識される行動は思いもよらない結果をもたらします。一方、会話の仕方や関わり方に受容と敬意が伴うと、私たちの意図が、思いやりと心配りから来ていることが、こどもたちにはっきりと伝わります。

敬意と受容のある関わり方は、お互いを平等な存在として見、出会うことを意味しています。それは、年齢や立場に関係なくお互いに敬意を払うことです。相手に敬意を払うとき、私たちは相手を受け入れています。

また私たちは、当人の体験の深さを知っているのは当人しかいないことを受け入れます。そうすると相手は、私たちが耳を傾ける用意ができていること、性急に結論を出したり評価判断したりしないことを感じます。

さらに、相手が、私たちが理解したいのだということを感じ取ると、話題にしている状況について、自分がどう認識しているかを打ち明けることができると感じます。

ここでは「修繕」されることがありません。耳を傾けられています。特に相手が小さなこどもだったならば、どんなに安心することでしょう！

リスペクトを示すこの空間では、叱責も評価もなく、相手をそのまま受け入れることがあるだけです。特にこどもの場合には、私たちを、自分を支えてくれる友達や味方と見ています。

ビクラム、アーチー、そしてアリーヤが、こうした状況にいるのを想像してください。彼らの情動脳－身体は、今、落ち着くことができます。そこには、きまり悪がらせられる、恥ずかしく感じさせられる、あるいは拒絶される可能性はありません。情動脳が、生き延びるために、防衛したり、攻撃したり、守ったり、凍りつく必要があるものは何もありません。

彼らの思考脳は十分に働くようになって、こどもたちは、自分の行動を見つめて次回はどうしたらいいかを考えることができます。

アリーヤはおそらく、もうソファの上で飛び跳ねないでしょう。アーチーはきっと学校のカバンにお弁当箱をしまって、家に持って帰るのを忘れないようにするでしょう。試験を間近にしたビクラムは、一日の計画を見直すのを手伝ってほしいと言うかもしれません。

このように、アーチーも、アリーヤも、ビクラムも、大人から変化する方法を教えられなくても、矯正されなくても、自分から行動を正すようになります。

私はセラピーの中で、どんな年齢の人にもこの変化が起きるのを繰り返し目撃しました。相手を、ありのままに、敬意を払って受け入れる過程を信頼することを、繰り返し体験させて教えてくれた大いなる宇宙に、私は深く感謝しています。

何かが起きているときに支配か受容かを区別するのは簡単ではなく、たいへん間違いやすいもので

大人が、こどもの「ほしい」という言葉を聞いて不安になる（脅威モード）

大人が、こどもの「ほしい」という願いに進んで耳を傾けている

大人がこどもの不満を性急に「修正」したあと、こどもが不満を言ったことを非難する

大人が、こどもが不安を表現できる場を作っている

す。120〜123ページで、二種類の関わり方をイラストでお見せしました。大人が支配している関わり方と大人が受け入れている関わり方です。

第11章　「脅威」を構成しているもの

私たちが関わるこどもの中に引き起こす情動や感情と、これらに対する反応として起きるこどもの行動の大部分は、大人の対応次第で変わります。

前章では、大人とこどものやりとりについて、受容または支配と認識されるやりとりを学びました。私たちが敬意をもって行動すると、こどもたちは、大切にされている、受け入れられていると感じることができます。反対に、支配と認識される方法で行動すると、彼らは受け入れられたのとはまったく別の感じ方をして、脅威を感じます。

こどもたちに関わる中で、つぎのような言葉を頻繁に聞いてきました。

・彼ら（大人たち）が、彼らの友人たちに私の成績を見せびらかすときは、最低の気分だ。大人が望むのはいい成績を取ることだけなんだと思う。いい成績を取り続けるためにはもっと勉強しないといけない。もしいい成績を取れなかったら、どうなるんだろう？「目立つ」のは好きだけど、すごく怖いことでもある。内側ではすごく圧力を感じている。

・はっきり言います。私は彼ら（大人）に、自分がアホったれの競走馬みたいだと感じると言いました。あの人たちがほしい成績を持って来ないと私はクビになるんです。成績表をもらった日はものすごく緊張します。堪えられないぐらい。このことをあの人たちに言っても、少しもわかってくれない。私を緊張させればさせるほど、ベストを尽くすのが難しくなるのに。あなたにはわかってもらえるかな？

・私はわざといい成績を取らないようにしています。だって、またいい成績を取らなきゃならないっていう圧力はハンパじゃないから。どうしていいかわからない。寝室に行って、まくらを叩くとか、机や棚を叩く。何か叩くと緊張がゆるんで、少し気持ちが楽になります。そうじゃないと気が違ってしまいそう。

・大人は、ありのままの私を好きなのかなあ？　それとも、あの人たちが望むことをしたときとか、あの人たちの望みを実現したときだけなのかなあ？

・なにをするにしても、ぼくがすることは決して十分じゃない。もうあきらめたよ。そしたら、あの人たちは、ぼくをあんたのところに連れてきたというわけ。だから今度は、あんたが圧力をかけることができるわけだ。誰でもいいから、ぼくをわかろうとする人がいるんだろうか、ありのままのぼくでいさせてくれる人が？

・私のまわりの大人たちは、みんな支配中毒よ。そして忌々しいことに、セラピーを受けるはめになったのは、私！　セラピーを受けるべきなのは、本当に私？　彼らのほうだと思わない？

一億五〇〇〇万年前に情動脳が創られたとき、宇宙にはそれを創る目的がありました。それは、小さなものたちを大人たちと一緒にしておくことによって危険から遠ざけるためでした。安全な環境の中で温血動物のこどもは安心し、守られ、育てられ、支えられました。時間がたつにつれて、この小さな生き物は自分を信じる若者に成長し、脳の中に埋め込まれている方法にしたがって、自分が属する集団を離れることができました。

時とともに未発達だった情動脳は進化を通して洗練され続けました。それは古い爬虫類脳と共に人間の脳の基盤となりました（第三層である思考脳はかなりあとから発達しました）。

ここで現代に早送りしてみましょう。人間のこどもたちは、学校で良い成績を取ることや良い行動をとろうと努力しています。この章の最初に紹介した例では、こどもたちがまわりの大人たちの基準に合わせようとして、不安でいっぱいです。

すでに述べましたが、受け入れられるためには一定の基準に到達しなければならないということが、情動脳を不安に掻き立てるのです。受容される条件がある場合、また受けいれられるためにある等級や基準に達しなければならない場合、そこには拒否される脅威があります。脅威＝危険！です。

情動脳が脅威を嗅ぎ当てると、闘争／逃走の準備をして、そのまま闘争／逃走態勢に入る可能性があります。もしも、それがあまりに圧倒的な場合には、第10章のビクラムの例で見たように、脳はフリーズ（368ページ参照）して動かなくなります。

すでに述べましたが、この闘争／逃走メカニズムは意識して起きるものではありません。こどもたちは自分の中で起きていることに気づきません。そして、こどもたちがアクト・アウト行動（闘争）やアクト・イン行動（逃走）をとりはじめたとき、まわりにいる大人には、このメカニズムが働いているという証拠のほうしか目に入っていません。

これらの防衛・攻撃・一時停止行動（シャットダウン）は、こどもが自分を守るため、あるいは、こ

闘争モードと逃走モードの脳

どもがそのときに接している相手との「つながり」を守るために、表面にあらわれてきます。たとえば一一歳のナディアは大人たちに嘘をつきます。大人にはその嘘はミエミエです。

ではどうして大人は、この嘘を聞く羽目になるのでしょう？　それはおそらく、大人がナディアから本当のことを聞いたなら、敬意を欠いた反応をナディアにする恐れがあるからです。ナディアは嘘をつくことによって、その上で、大人から嘘だと言われないことで、そのときだけでも大人から見下げられることを回避できるかもしれません。

脳は、よく考えずに、本能的にこの防衛方式に従います。このときの嘘の程度や他の「不適切」行動の程度は、たいていの場合、近い将来または現在起きているやりとりの中で相手から受けるだろうと推測される侮辱の程度に相関します。

ここからは、もう一人のこども、サムに登場してもらいます。そしてサムとナディアから、日常のやりとりの中で起きる情動脳に対する脅威を見せてもらおうと思います。またその結果植え付けられるかもしれない、否定的でゆがんだ信念についても述べたいと思います。

・サムのお父さんはサムに、問答無用で、宿題をもう一度やり直しなさいと言います。サムは、宿題はきちんとできていると思う、と言おうとします。同時にサムは、自分の意見は見向きもされないと感じます。時がたつうちにサムは、人とのやりとりで自分の意見には価値がないのではないかと思いはじめ、自分の意見を人に話すのを控えるようになります。

・ナディアの先生であるジョーンズ先生は、ナディアに非現実的な期待をしています。ナディアは応えることができません。ナディアは、自分が先生を失望させていると思っている可能性があります。時がたつにつれて彼女は、自分を期待はずれな人間だと思い込むかもしれません。

・サムのお母さんは彼の学校プロジェクトの作品を批判したあと、「あなたのために思って言ったのよ」と言います。サムは、自分がダメなやつだという考えを吸収する可能性があります。時がたつうちに彼は、自分を無能で無力な人間だと信じるかもしれません。

・ナディアのお父さんは、ナディアに、彼女の泳ぎ方は下手すぎてアドバイスをする気になれないと言って侮辱しました。ナディアは今後、自尊心を傷つけられたこの言葉を信じるようになるかもしれません。

・サムのおばあちゃんはつねに、サムの成績と優秀ないとこの成績を比べます。おばあちゃんは、サムにもっと良い成績を取ろうと思ってほしいという理由から言うのですが、サムは、自分が「他の人より劣った」人間だと信じ、やがて自分は「劣っている」人間だと信じる恐れがあります。

・ナディアはベストを尽くしましたが、お母さんは、もっと一生懸命にやったら、もっと良い点数を簡単に取れたのにと言いました。ナディアは、自分がお母さんの期待を裏切ったと感じるかもしれません。やがてナディアは、自分を期待はずれな人間だと思い込む可能性があります。

落とし穴

ほかにもこどもに支配と受け取られる関わり方があります。ここに紹介する五種類の関わり方はどれも、拒絶の恐怖が直接に感じられるものです。脳は非常に強くこれらに反応して、自己破壊的行動、人をよろこばせる（言いなりになる）行動、売り言葉に買い言葉などの、サバイバルモードに入ります。

こどもの行動がどんなものであっても、彼らの脳が拒絶を恐れる状態にある間は、脳は合理的に働くことができません。つまり、私たち大人が教えようとしていることを、脳が吸収することができません。

脅かす

私はこれまで、親や教師はもとより、こどもたちとふれあう機会が多い人たちから、少し声の調子を上げて怒りを含ませただけでこどもたちが言うことを聞くようになると何度も聞いてきました。たとえば、声を少し変えただけで時間までに宿題をした、靴をげた箱にしまった、汚れた制服をカゴに入れたなどです。たしかに短期的には効果があります。恐怖がこどもたちを従わせるからです。

しかし、何か月も何年も過ぎて、こどもが脅かしを怖いと思わなくなると、元の行動に戻るか、もともとの行動よりも悪化します。あるいは、それらの行動が消えて他の「不適切」行動があらわれる場合もあります。恐怖による効果が長期間続くことは期待できませんし、変化そのものも長続きしません。脅かしが持つ強い影響については、第15章で詳しく述べたいと思います。

恥をかかせる

私はずっと、こどもに恥ずかしい思いをさせることは、大人が有利に物事を運ぶための一つの武器だと主張する親、教師、教育講演者らに反論してきました。彼らは、こどもたちは羞恥心から、するべきことをするようになると主張します。

たしかにこどもは、羞恥心から、するべきことを行い、「適切な」行動の方向に向きを変えるでしょう。それはどうしてでしょう？

それは彼らが、大人から恥ずかしい思いをさせられることを恐れているからです。

恥は非常に大きな力を持っています。一人のこどもが辱められるのを目撃しているまわりのこどもたちは、恥をかかせる力がある大人の前では行動を控えます。いったい恥はどんな非言語メッセージを私たちに送るのでしょうか？

それはつぎのようなものです。私たちは敬意や尊敬に値しない、私たちはキズモノで、かわいらしくなく、存在する価値がない。残念ながら私たちが、自分を、キズがあるモノで、ワケありなモノで、退けられたモノだと信じたなら、自分の行動を変えようとするでしょうか？　恥には、長続きする健全な変化を起こす力はまったくないといっていいでしょう。なぜなら、恥をかかせることは、自分には変化する力があると信じる、まさにその部分を腐らせるからです。

恥を感じると、人は縮まり、ちっぽけになり、自分の中の点ぐらいの大きさになります。こどもたちからつぎのような言葉を何度も聞きました。

・大人が私にそう言ったとき、地上から消えてなくなりたいと思った。
・地面が割れて、私を飲み込んだらいいのにと思った。
・どこでもいいから、ここ以外のほかのところに行きたいと思った。
・すごく赤くなって火照った。みんなが自分を見ていると思った。スポットライトが自分に当たっていて、もし羽があったら、飛んでいって、絶対に帰ってこないのに、と思った。
・目の前にあるものが、みんなぼんやりして、頭の中でめまいがするのを止めることができなかった。気を失うかもしれないと考えた。
・自分がすごく小さくなったと感じた。すごくちっぽけで、誰でも私を踏みつぶして、粉々にして、アリみたいに小さくできると思った。

だんまり戦術

大人の中には、いらだち、立腹、落胆、不満などをこどもに伝えるとき、怒鳴ったり、恥をかかせたりするよりも、ひきこもって何も言わないという人たちがいます。行動が良くなるまでこどもを無視することは、大声を張り上げるよりも効き目があるように思われます。

しかし、たいていの人は、「だんまり戦術」は目に見える傷を与えないで痛みを与える方法であることに気づいていません。

この方法はどれほど怖いものでしょうか？　こどもは、罰を与えている、黙り込んでいる大人には何もしてもらうことができません、この状態がどれだけ続くものかわかりません。それは永遠に続くと思われます。こどもは私にこう言います。「無視されるって、最悪の感じ」。

研究によれば、だんまり戦術を体験している間、身体の痛みを検出する脳の部分である前帯状皮質が活性化することが示されています。それは、「最悪の感情」です。なぜなら沈黙はこどもに、価値がない、傷モノだ、誰からもほしいと思われない存在だ、と伝える力を持っているからです。

神に助けを求める

大人の中には、こどもたちの行動が変わるのを助けてくださいと、こどもと一緒に祈って神に助けを求めるという人もいます。ハイヤーパワー、あるいは超越的な存在からの援助をもらうのはそれなりに良いこともありますが、こどもたちにこの方法しかないと思わせないようにしましょう。

こどもが心からファンタジーの世界を信じることはすでに述べました。彼らは歯の妖精やサンタクロース、天の助けを信じていますし、神の存在を完全に信じています。そのために、願いがすぐに叶わないと、自分は悪いこどもだから神様でさえも自分を嫌って助けてくれないと信じる可能性があります。

こどもたちが成長してファンタジーの世界を信じなくなったとき、大人は他の方法で「神への怖れ」をこどもに持たせることがあるかもしれません。あるいは、道徳を恐れることやそれを守らないと危険だと教えるかもしれません。しかしこれも、残念ですが、考えるとおりにはなりません。こどもたちは神を怖がることを学ぶでしょう。そして、神をなだめなければ、「神の怒り」が私たちの上に降りかかると信じるようになるかもしれません。

最後の一刺し

最後に、もう一つお伝えしたいことがあります。これは、「最後の一刺し」というもので、少し説明がいります。このシナリオでは、こどもは大人から敬意と承認を受けとり、成し遂げたことに対して賞賛さえ与えられるかもしれません。しかしながら、そのあとで、「最後の一刺し」が来ます。大人たちは、もう少し良くなるかもしれない、小さな部分に注目するのです。しかしこどもの内なる世界はそれを、自分に欠けている、と受け取る恐れがあります。

たとえばこうです。「わあ、あなたはフットボール・ゲームで二点も入れたわねえ、すごいわ。もう少し注意深かったら、それに二回の不注意ミスがなかったら、三点入れたかもしれないわ。あなたは、先月三点入れたビリーよりも優秀よ」

これを聞いたこどもは、大人が、彼に落胆していると受け取る可能性があります。彼は大人をがっかりさせたのです。彼は十分には良くありません。大人の言葉はいい意味で言っていることで、良い意図から来ているのでしょうが、こどもが二点を取るのにどれだけ努力をしたかという点を十分に認めることを大人は忘れています。

リスペクト（敬意を払う）の定義

相手／対象物が、良い考え、あるいは性質を持っていると私たちが信じるとき、私たちが相手／対象物に対して示す、あるいは感じる、称賛の気持ち。

相手／対象物が、重要であると考えられるときに示される、礼儀正しさ、敬意、気遣い。

相手／対象物に、正しいもの、重要なものがあると感じて、それを変えようとか害そうとしてはならないという感情。

Dictionary.cambridge.org/dictionary/english/respect より

第12章　受容とはなにか

相手に、敬意、共感、思いやりを捧げることとは、私たちが、その人の言葉に耳を傾け、理解することを意味しており、その人を受け入れるための橋ともいえます。受け入れられることは、こどもたちにとって、つぎのようなことを意味します。

・拒絶されない
・排除されたり、はねつけられたりしない
・孤立させられることがない
・自分を守る必要がない
・生命が危機に晒されていない
・社会の中で、グループの中で存在する権利がある
・支援されている
・育まれている

・彼ら（こども）が他の人を支援し育むことが歓迎される

これが、つぎのような温かな感情と確信を生み出します。

・ユニークである
・所属している
・一緒である
・価値がある
・重要である
・大切にされている
・貴重である
・右のものを、受け取る価値がある
・右のものを、与える価値がある、それが適切に受け取られることを知っている

脳は、人が互いにつながりを持つように結線されています。温かな感情や信頼があれば、情動脳は厳戒態勢をとらずにくつろぐことができます。その結果、思考脳が十分に働きます。

近年、脳とその働きに関する研究は、飛躍的に進歩しました。対人関係における神経生物学の分野で著名なダニエル・シーゲル博士は、三層からなる私たちの脳、すなわち爬虫類脳と情動脳と思考脳における相互のつながりをわかりやすく説明してくれました。彼の研究によって、脳に対する理解が進み、また、自分についての理解が深まり、さらに自分がどう機能しているかを容易に理解できるようになりました。

シーゲル博士は、知識を得るためのさまざまな方法の類似性を突き止めるため、人類学、生物学、認知科学、コンピューターサイエンス、発達精神病理学、言語学、神経科学、数学、メンタルヘルス、物理学、精神医学、心理学、社会学、システム論について調査し、共通に見られるものについて検討しました。その結果を彼はこう述べています。

「人間関係において、一つになるとは、各人が自立し、他人と異なることに敬意が払われると同時に、共感的コミュニケーションを通して他人とつながることを、必然的に伴う」

この言葉は、宗教書、霊性の探求者、自由思想家などの考え方と同じです。私たちは誰もが同じもの、つまり受容・共感・思いやりを通して表現される敬意を求めているのです。

こどもたちはふだんの生活の中で、一日に何度も支配的な大人に接します。そして相手の大人を受け入れることで自分に敬意を払われるように、自覚しないまま、大人のニーズと大人の「標準」に合わせて行動を変えます。そうでなければ、自分が敬意を払われないことに対して反抗します。

どちらにしても、彼らが渇望している「リスペクト」を手に入れようとしているのです。しかし残念ながら、その行動は彼らを本当の自分から遠ざけ、内面を不安定なものにして、本物ではない自分を信じさせることになります。こどもたちは自分の内側が蝕まれるのを感じるでしょう。

実はこの過程は、蝕まれるというよりは、こどもたちが生まれながらに持っている、興味津々の探究心にあふれた「遊び」というエネルギーの上にホコリが積もっていくようなものです。ホコリの一つひとつは、受容されない恐れ、あるいは拒絶される恐れから生まれます。やがて恐怖は増していき、こどもは不安でいっぱいになります。

また反対に、自分に対してとても厳しくなる場合もあります。たとえば、自分はありのままではだめだ、自分は無能だ、自分はバカだ、自分は不適格だ、自分は誰も信頼できない、自分は安全じゃない、自分は抑制不可能だ、自分は自分を信頼できない、自分は完全でなければならない、自分にはどうしようもない、などです。

また代わりに、つぎのような厳しい言葉を自分に投げつけることもあります。もしぼくが……していたなら……。わたしは……すべきだった。ぼくが……しなかったなんて信じられない。

こうした言葉は、自分を精神的に叩きのめすところから来るもので、内省からではありません。自分をネガティブな形で理解し、それを信じると、真実の姿を知ることができなくなります。本当は、誰もがありのままで完全な存在なのです。

情動面の安心・安全を受け取る

情動脳がリラックスするとき、思考脳はその役目を十分に果たすことが可能になります。つまり、情動面の安全が確保されると、思考脳は理性的に働くことが可能になり、つぎのことができるようになります。

・他の人とやりとり（相互作用）をしたあとで、その行動を内省することができる。
・他の人とのやりとりで自分が起こした「不適切」な瞬間を認めることができる。たとえば、無作法、厳しさ、相手に無理強いする、相手に対する無視など。
・他の人とのやりとりの中で自分が「不適切な」瞬間を引き起こしたことを受け入れて、その責任を認めることができる。

- こうした「不適切」な瞬間を正すために、適切な行動を取ることができる。たとえば、「不適切な」行動をとったことについて、相手に謝る、など（やりとりの全体について謝るのではなく）。
- 次回に異なる「行動をする」にはどうしたらいいかについて、内省することができる。
- 自信、自分に対する評価、自分に価値があるという思いをひどく傷つけることなく、速やかに回復することができる。

第13章　努力を認める

こどもたちにどんなことが起きても、彼らは私たちにとって大事な存在であること、貴重な存在であることを示す方法はあるでしょうか？　どうしたら、どんなことがあっても受け入れられていることを、ふだん接しているこどもたちに納得してもらえるでしょうか？

私たち大人から受容されていることを感じると、こどもの情動脳はサバイバルモードから開花モードに切り替わります。ただし、受容されているという感情は、賞賛されるとか、おやつを買ってあげて「君を愛しているよ」と言われて感じるものではありません。

こどもたちに受容されていることを納得させるポイントの一つは、「彼らの努力を認める」ことです。これは、大人が、こどもの身体面・情動面・精神面のエネルギーが、ある一つの活動に向けて使われていることを理解していることを意味しています。

相手が誰であっても、相手の努力を認めるのは難しいことではありません。言葉に誇張や余計なものを付け加える必要はありません。ただ自分が観察したことを、明瞭に表現すればいいのです。想像力もそれほどいりません。

しかしながら、私たちはかなりの努力をしなければならないでしょう。それは、私たちがふだんそういう表現方法をしないからです。私たちは、こどもたちが努力をしていることを観察することに慣れていません。そして、努力よりも最終的な結果に意識を向けがちです。

私たちは、こどもがなにかを達成することを必要としているのだろうか？

私たちはこどもたちの努力の結果を見なければ、彼らを大切にできないのでしょうか？　こどもたちは、自分に価値があると証明するために、必死で結果を出さなければならないのでしょうか？　彼らは、大人から承認されるために「必死」です。どんな活動でも行為でも努力しています。こどもたちは、「自分として精一杯の努力をしている」ことを私たちから認めてほしいと思い、承認されることを渇望しています。

どんなことであっても、こどもたちが注いだ努力を認めることは、私たちが彼らを「承認した」ことを信じさせる一助になります。それはすなわち、私たちが、その家族や地域社会における彼らの存在を認めたことに他なりません。

私はこどもたちから、繰り返し、非常に努力していること、その努力を認めてほしいという訴えを聞いてきました。ここに実際に私が聞いた話を紹介します。

・五歳——こどもが夜に起きていて、つぎのように祈っているのを聞いた母親は、とても心配になりました。「神様、ぼくの先生を串刺しにして、バーベキューで焦げるまで焼いてください」。あとで、母親はこどもから、こう聞きました。「ぼくはいい子になろうとしてものすごく努力している。でも先生はいつもぼくのことをお母さんに悪く言う」。

・七歳――わたしの両親は、わたしを愛していると言う。愛って、ひっぱたくことと一緒にもらうものなの？　わたしは「ベスト」を尽くしているのに、いつでも悪い子です。死んでしまいたい。

・一〇歳――これから先は、お父さんとお母さんもここに来てセッションを受けるというのでなければ、ぼくはもうここに来ない。お父さんとお母さんは、自分たちを尊敬しなさいと言うけれど、ぼくには敬意を示さない。ぼくには何が「尊敬」なのかわからない。

・一一歳――両親も学校の先生たちも、私がしなかったことだけを見ている。私がしたことはほとんど見てもらえない。ええ、私は、「とってもいいね、すごいよ、上手にできた」と言われる。でもその後で、どうしたらもっと良くできるかを長々と指摘される。それを聞いたら、親たちが「とってもいいね、すごいよ、よくできた」と考えていると信じられると思いますか？　あの人たちの行動からはそうは思えません。

・一二歳――私の両親に説明するのを助けてもらえませんか？　親たちは、私がしなかったことはすごくはっきりと見て、口にします。でもいい成績をとっても当然のこととして扱われます。このことをお父さんに言うと、勉強するのは私の義務だし責任だと言われます。父は、自分たち親も責任をはたしているけれど誰もほめてくれない、だから私も賞賛を期待するな、と言います。私は賞賛を期待しているわけではなくて、私が言っていることを理解してくれないのが問題なんです。

・一四歳――私はとても責任感があります。でも両親の目に入るのは、私の成績が彼らを満足させないことだけ。親たちは私に責任感がないと言います。でも、妹を、毎日、すごく気をつけながら学校に連れて行くのは誰だと思いますか？　私です。私は、妹が歩道の内側を歩くように、いつも気をつけています。昼休みには、妹が大丈夫かどうかを見に行きます。家では妹の宿題も見てあげます。それに、夕食のあとでお母さんが片付けるのを手伝うのは私なのに。

・一七歳――ありのままを愛されるのは気持ちがいい。私という理由だけで。両親をよろこばせるために言われたことをなんでもするっていうのが、嫌になりました。十分ということがありません。先週、新しいアイフォンを買ってもらったばかりなので、これを言うのは悪いなと思います。でも実は、買ってもらわないほうがよかったって思っています。だって、買ってくれた理由は私がテストに合格したからですから。それもすごく簡単なテストで、挑戦する必要もないぐらいだった。

努力を認められることが必要なのは、こどもに限ったことでしょうか？　つぎに紹介するのは、大人たちの正直な声です。これを聞けば、認められる願望が普遍的なものであることがわかります。

感じることは誰でも同じ

・三八歳――私の家族は私を溺愛しています。両親が長い間待った末に生まれた特別な存在だと言われてきました。たしかに、すごく望まれて生まれました。でもふだんの生活の中でそう感じることはありません。愛されていると感じません。私は三八歳です。両親の愛情を疑うなんて、私はどこか悪いんでしょうか？

・四五歳――私は、どこか悪いのでしょうか？　私はすごく家族を愛していますし、家族も私を愛していると知っています。そうなら、どうして愛されていると感じないのでしょう？　何がいけないんでしょう？　こんなことをお聞きするのでさえ、すごく罪悪感を感じています……こう言うことは家族の愛を疑っていることですから。でも、答えを探しているのも本当です。

・七〇歳――私は、いつも自分は気にかけられていないと感じていました。家族の誰からも気づかれていない、と。ええ、たしかに家族からは大切にされて、母の日やお祭りには外に連れ出してくれます。でも、ふだんは少しも気にかけられていないっていうことにうんざりしています。私は自分の義務を果たしました、義務以上のことをしました。こどもたちはみんな医師や、弁護士、エンジニアという立派な職業に就いています。彼らに、私を「見てちょうだい」というのは要求しすぎでしょうか？　電話でおしゃべりして、私の声を聞く、してほしいのはそれだけです。でも誤解されないように言っておきますけど、こどもたちは私に電話をくれるんですよ。でもそれは、何か私にものを頼むときとか、彼らが成功したことを私に聞かせるとか、誕生日のお祝いとか、です。誤解されると困りますけど、彼らはとてもいい子たちです。私は多くを求めすぎでしょうか？　こんな考えを持つだけでも罪悪感を感じます。

ここに紹介したような例を私は日常的に聞いています。こどもたちから、若者たちから、成熟した大人たちからです。彼らは賞賛を求めているでしょうか？　いいえ、そうではありません。では共通していることはなんでしょう？　それは、彼らがしていることがなんであっても、彼らが日常的にしている努力を認めてほしいという願いです。

もし私たち大人が、ふだんの生活でこどもたちの努力を認めることができるならば、彼らは、成功して私たちに認められようと懸命に努力する必要はありません。

こどもたちの努力がふだんの生活の中で認められるなら、彼らの情動脳はサバイバルモードをゆるめて、開花モードになります。

こうして解放されたエネルギーは他のものに向けられるでしょう。こどもたちは、学ぶ、遊ぶ、ゲームに参加する、競争することの「過程」そのものを楽しむことができるようになるのです。

そのとき思考脳は十分に働くようになります。こどもが試験やゲームや競争などでストレス状態を体験するにしても、「そのストレスは限定的です」。なぜなら、ベストを尽くしていると私たちが気づいていることを知っているからです。ですから脳にそれ以外の緊張を加えることがないのです。

賞賛と批判が持つ落とし穴

すでに述べたように、努力を認める行為とは、相手の努力について観察したことを相手に伝えることでした。しかし紹介した例からもわかるように、「言うは易く行うは難し」です。

紹介した例に出てくる大人たちは、どの人も善意でした。もし彼らに尋ねたならば、こどもたちや祖母を受け入れ、愛したと言うに違いありません。

では、私たちはどうして、たんに観察して努力を認めることが難しいのでしょう？　脳の中の何のせいでしょう？　私たちに簡単に賞賛を許さないもの、観察したことをたんに述べないで評価させるもの、それは何でしょう？

それは脳の進化にあります。誰かが何かをしているのを見ると、私たちの精神、情動、感覚、思考、といったすべてが、見たものを判断してそれを伝達する目的で、素早く観察し、評価を行います。

「これはいいことだろうか？　それが好きだろうか？　これは幸せを与えるだろうか、良い感情を与えてくれるだろうか？」。もし自分にとって良いものがあれば、それを他の人と素早く分かち合います。そうすれば他の人も、それが幸せをもたらすことに気がつくからです。私たちはそれを是認します。そして、将来同じ行動をもっと受け取ることができることを期待します。

同様に、何か不愉快なものを目にしたときも、全身で素早くそれを観察し、評価を下し、その判断を他の人に伝えます。「それはストレス、恐怖、ほかにもネガティブなものを湧き上がらせるだろうか？」もしそうなら、私たちは素早くそれを取り除こうとするでしょう。同時に、それを「私たちが承認していない」ことを他の人に素早く気づかせようとするでしょう。

ところで残念なことに、それを受け取る相手は、観察したことを伝える言葉を、自分の「行動」に対する賞賛や非難としてではなく、「自分そのもの」に対する賞賛・非難として受け取ることがあります。私たちの脳は、危険・脅威・脅威の可能性を見つけようとするようにできていることを思い出してください。不承認はイコール脅威です。

こどもたちの多くは、彼らをもっと良くしたいという大人の意図を、彼らそのものを批判されたものと解釈します。私はこどもたちから、いつになったらまわりの大人は自分がしなかったことに文句を言わないで、成し遂げたことに気づいてくれるのか、という訴えをしばしば聞いています。

そのような大人の言葉を紹介します。

・テストで七〇点だったのね、これをどうやって八〇点にすればいいだろう？
・テーブル・セッティングをしたとき、スプーンを忘れたわね。
・お庭の水まきをしたあと、ホースをきちんと巻いておかなかったね。
・ほうれん草を全部食べなかったね。
・お部屋を片付けたとき、片付けなかったおもちゃが三つあった。

「ほめる」 対 「努力を認める」

よくできました！
すばらしい！
対
ケーキを二人で分けているのね。見ていてとても気持ちがいいわ。
または
あなたたちは、ケーキを切って二人でシェアしているのね。二人で分けあっているのを見るのは心が温まるわ。

こどもの目から見ると、大人の私たちは彼らの行動全体を認めないで、彼らがした努力のうち、「適切でない」ことだけに注目しているように見えます。もちろん、「よくできた」「すごい」「よくやった」と言ってほめなければならない、という意味ではありません。

もしあなたが150ページの絵のこどもで、友達にケーキを分けてあげているとしたら、右側と左側の、どちらの言葉がほしいですか？

私は多くのこどもたち、十代のこどもたち、大人にこの質問をしました。そしていつも、努力をほめるほうの言葉がいいという回答でした。

彼らは、その理由をこう言いました。

・大人が、こどもたちの行動に実際に気がついた、つまり、大人はこどもの存在に気がついたということだから。
・大人が、こどもたちに「十分に」興味があって、こどもたちがしていることを、時間をとって見ているから。
・大人が、こどもたちがしていることを目に留めて、そのことを彼らに話したから。

掘り下げて聞いたところ、こどもたちにとっては、承認のほうが賞賛より好ましいことがわかりました。つぎがその理由です。

・大人がこどもをとても大事に思って、時間をとって、こどもを観察する努力をしている。
・大人がこどもを大切に思って、そのことを、こどもに伝えた（分かち合った）。
・この大人にとってこどもたちは大切な存在だとわかる。

「ほめる」 対 「努力を認める」

こどもの行動を、良い、悪い、すごい、と評価している

こどもではなく、行動に注目している

・この大人にとって、こどもたちは、「時間を費やす」に十分なほど重要な存在だとわかる。

ここで相手を認めるという過程について詳しく調べてみようと思います。私たちが他の人の存在に「気づいて」、観察したことを相手に話して共有するとき、何をしているのでしょうか。

私たちが観察することに気持ちを集中するとき、私たちは相手の「行動」に集中します。相手そのものではありません。これは、イラストの中の、「ケーキを二人で分けているのね」という言葉にあたります。第6章を覚えていらっしゃると思いますが、どの人も「つねに十分に良い存在」なのです。しかし「行動」は、受け入れられるものもあるし、受け入れられないものもあるでしょう。

努力を認めることによって、私たちは明確に相手の行動に注目し、行動について観察したことを言葉で共有します。152ページの絵の右の言葉は観察で、左の言葉は判断です。

相手の行動を正確に観察すればするほど、相手の役に立ちます。私たちが、正確に、具体的に、観察したことを、話の中で相手に伝えることは、たいへん有益です。

それは話していることをスポットライトで照らすようなものです。そこには、誤解やミス、解釈の間違いや混乱の余地はありません。

こどもの絵

こどもたち、特に小さなこどもは、描いたり作ったりしたものを大人に見せて、文字どおり格付けしてとねだることがあります。そのとき、大人は簡単に格付けの罠にかかってしまいます。六歳のヘイブンが「ぼくの絵、どう？」と聞いた場合のことを想像してみましょう。私たちはただちに、作品についての意見、観点、評価、査定を口にするでしょう。どうしたら中立のままで、しかもこどもの努力を認めることができるでしょうか?

評価せずに中立の立場を維持しながら、しかもヘイブンの努力を認めるためにできることは、彼が作品をどう思っているかを尋ねることです。ヘイブンは自分の作品が好きでしょうか? もし好きなら、作品の何が好きでしょう? もし嫌いなら、特にどういうところが嫌いでしょう? 特別にその色を選んだ理由はなんでしょう? 自分の絵、自分が描いた作品を見るとき、心の中で何が起きるでしょう?

これらの質問はどれも、ヘイブンの努力に注目しています。どれも彼に関する質問で、私たちのことではありません。ヘイブンが何をいいと思い何をいいと思わないかを私たちが理解したいということは、ヘイブン自身の努力について知りたいということです。

この間の私たちと彼の関わり方は、つぎのようなメッセージを内面化するように促します。それは、彼は存在を認められている、彼は私たちにとって大切な人である、彼は私たちの時間を費やす価値がある存在である、彼は貴重な存在である、そのために彼が考えていることをもっと知りたい、そういうメッセージです。

彼の努力を認めようとするときは、つぎのような言葉を使うといいでしょう。

・明るい色を選んだのね、そしてたくさんの影をつけているわね。とても細かいところまで気を配っているね。
・輪郭をとても強い線で描いたね。
・色が輪郭の線からはみ出ないようにするには、すごく時間がかかっただろうね。
・絵の中に、言葉が一つだけ書いてあるね。

賞賛／評価を避けるために、つぎのような言い方をしないようにしましょう。

・あなたの絵はなんて美しいんでしょう。
・すばらしい、すごい絵だね、お兄ちゃん（お姉ちゃん）！
・わあ、ものすごく上手だね、毎日みんなが見られるように、冷蔵庫に貼っておこう。

成績表

一一歳のスージーが、成績表を持って学校から帰宅した場面を想像してみましょう。スージーは成績表の点数がとても誇らしくて、私たちが、「すばらしい、よくできた、いいね」というのを待っています。

この罠に落ちたいですか？　スージーの努力を認めようとするなら、つぎのような言葉を使いましょう。

・試験の前にあなたはすごく努力していたね。スマホで遊びたかったけれども、アートのプロジェクトに打ち込むために、一週間それで遊ぶのをやめていたね。
・あなたは、このごろお友達が誘っても、家で勉強するために、日曜日に出かけないみたいね。
・成績表にたくさんAがついているね。勉強の進み具合はどう？

大人はスージーから話を聞きたいと思います。彼女は、どんなにうれしいかを打ち明けたとき、ジェーンが算数で九〇点をとったのに、自分は八七点しかとらなかったので、本当は落胆していると話してくれるかもしれません。

　私たちは、スージーがたった三点の差にどうしてそれほどこだわっていたのか、興味をそそられるでしょう。大人には三点の差は些細なものですが、彼女にはたいへん大きいのです。

　彼女に話す機会を与えて、話を聞きましょう。スージーは、私たちとのふれあいを通して、自分が大切な存在であることを感じ、信じて、それを内面に取り込みます。スージーを私たちの大切な存在にするものは成績ではありません。

　つぎに、九歳のポールという男の子を想像しましょう。彼は、成績表が入っているバッグを持って、家に帰るのを嫌がっている様子です。彼は成績が悪かったので、どんな「罰」を受けるかを考えて頭がいっぱいです。

「テレビを見るのを何日ぐらい禁止されるかなあ？　コンピュータ・ゲームを取り上げられないだろうか？　勉強の遅れを取り戻すための個人授業に、何時間送られるだろう？　大人に再び気に入られるようになるためには、何をしたらいいだろう？」

　こどもたちはまわりの大人たちをよく研究しています。

　ポールは、罰をできるだけ小さくするにはどうしたらいいか、よく知っています。彼はこう言いました。「まの悪いときにママのところに行くと、ママはすごく怒って、重い罰をくれる。ぼくは泣くにきまってる。それで二日たつと、ママは悪かったと言ってぼくをハグするんだ。そして、厳しい罰をくれたのを忘れるか、罰を軽くする」

　ここまでの話を読んだ読者は、ポールが成績をよくする責任が自分にあることをまったく感じていないことに気づくでしょう。彼の情動脳は、「脅威・危険モード」になって攻撃に備えています。彼には、自分の何が問題なのかを内省する気力は残っていません。

認める言葉

努力を認める：

あなたはたくさんの箱を運んでいるのね。何か私にお手伝いできる？

ほめる／評価する：

すごいね。すばらしい。

努力を認める：

あなたが外でランニングしているのが見えたわよ。暑いのにがんばっていたわね。

ほめる／評価する：

いいね。ようやく運動をする気になったんだね。

努力を認める：

あなたはモップで床掃除をしてくれたのね。水も使ってたのね。あそこは汚れていて掃除しなくちゃいけないと思ったんでしょう？　さ、一緒にお掃除しましょう（こどもの善意を認める）。

ほめる／評価する：

お掃除するのね！　すごくいい子！

この状況の中で、どうポールと関わったらいいでしょうか？　どのように彼の努力を認める、あるいは努力しないことを認めたらいいでしょうか？　以下がその例です。

母親：学校の成績をあなたはどう思うの？

こども：大丈夫だと思ってるよ。算数と、歴史と、英語の先生が、ぼくをきらっているんだ。

（もちろん大人は、こどもが自分の成績に不満を抱いているのを知っています。でもこどもは、それを大人に言うことができるでしょうか？　彼は罰が怖くて、成績に不満がないと言えば重い罰から逃れられるかもしれないと一縷の望みを持っています。恐怖がなくならないと、彼は本当の気持ちを話してくれないでしょう。）

母親：それであなたが、先生があなたを嫌いだと思うわけは、学校で何があったからなの？

大人はこのように、当人の内面（感情・思考・意見など）に焦点を当てて話を進めるといいでしょう。それはポールを真に理解するためです。彼の世界観を理解して、先生との関係改善のためにポールをどう手助けしたらいいかを知るための話の進め方です。

そうすれば、最後には、ポールは悪い成績をとったことから来る不安を話してくれるでしょう。私たちは、どのように彼を手助けできるでしょうか？　彼はどういう助けが必要だと思っているでしょうか？　次回はどのぐらいの点数を取りたいと考えているでしょうか？　もしかしたらポールは、私たちの気持ちを推しはかって、八〇点と言うかもしれません。

八〇点と聞いたなら、母親は、「それは現時点では現実的かどうかわからないわ。成績はゆっくりと上がっていくものだからね」と話すといいでしょう。

次回の試験で取りたい成績を現実的な点数に下げたり、それを遂行するには実際に何を変える必要があるかを話し合っているうちに、ポールの脳は、ゆっくりと、恐怖や不安、落胆、無力感、絶望感を手放しはじめるでしょう。

そうしてポールの中に、ゆっくりと、安堵感、希望、自分に対する信頼などが湧き上がってくるでしょう。大人は、彼が直したいと思う行動がなんであっても、最初のうちは、彼自身に改善する能力があると信じる力が育つように、彼を励まし続ける必要があります。

大人がこどもの感情を無視する

大人がこどもの感情に耳を傾けている

大人がこどもの努力を認めている

第14章　耳と心を傾けて聴く

聴くことはもちろん簡単なことです。しかし私たち大人は、本当に全部を聴いているのでしょうか？　聴くことには、私たちが考えているよりずっと多くの意味があります。この章では、耳と心を傾けて聴くことが持っている不思議な力について考察します。

最初に、「聴く」という意味の中国の漢字からはじめましょう。何千年も前にできたこの漢字は、耳、目、心、と数字の一と十からできています。これは、聴くことが、耳と、一〇個の目（十分な注意）と一つの心（真心）からできていることを示しています。

私たちは、何かを聴くときにそれほどまで注意を傾ける必要があるのでしょうか？

答えは、「はい」です。注意を集中しないと、相手の話の一部分に反応してしまい、相手が伝えようとしているメッセージの全体を受け取ることができません。

メッセージを受け取りそこねる、つまり誤解するのは人間共通の性質といっていいでしょう。二人の人間が話すとき、とくに大人とこどもの間では見方が異なることが多々あります。

傾聴

大人は、大人の視点から話し、その上、こどもの話を「大人の視点」で解釈します。そのため、たいていの場合、その解釈は的外れです。

これがこどもに失望感を抱かせて、こどもが徐々に口を閉ざす、あるいは大人の話に反抗する結果になります。どちらの側も自分の話を相手が聞いていないと感じ、相手に誤解されたことで傷ついている可能性があります。

たいていの場合、こどもたちは、大人が彼らにこうしなさいとか、こうするべきだと言うのを、じっと我慢して聞いています。大人が不満を発散するときも彼らは黙って聞いているかもしれません。それで私たちはこどもと会話をしたと思いこみ、彼らが何も言わないのを同意している証拠だと考えます。

私たちはしかし、実際に、ふだんの生活の中でこどもの話を聴いているでしょうか、本当に彼らの内面を理解しているでしょうか？　こどもたちは私たちの話を本当に聴いたでしょうか、それとも私たちの欲求不満を彼らにぶちまけていると受け取ったでしょうか？

これまで私が話した多くのこどもたちから、このように聞いています。「大人は、こどもの間違いを全部言い立てて、どんなにぼくたちが大人を絶望させているかを話したがる。ぼくたちはそれを黙って聞かなければならないってわけ」

私はある時期、二人のこどもを持つ果物売りの女性と定期的に話をしていたことがありました。彼女は、学校が計画した「保護者向けプログラム」に参加したことを話してくれました。テーマは一〇代のこども問題の解決法を学ぶというものだったそうです。

彼女がとても立派なワークブックを見せてくれたので、プログラムに参加してよかったかどうかを尋ねると、こう言いました。

「正直に言うから、学校の人たちには言わないでね。頭には何も入らなかった。私たちをエアコンが効いた部屋に座らせて話をずっと聞かせるっていうのは効き目がないわね」

「私たちは一日中ずっと立って動いているのに慣れているから、じっと座っているのは苦手。校長先生の話をみんなほめていたけど、そうしないとこどもにどんな影響があるかわからないから、そうしただけ」

「一つ、あのコースを受けてわかったことがあるわ。それはね、おもしろくない先生の科目はずいぶんと退屈だろうってこと。あれから、うちのこどもの成績が思ったようでなくても、これまでのようには叱らなくなりましたよ」

この女性はプログラムの内容を理解しようと努力しました。もちろん、プログラムを計画した人たちは善意だったと思います。でも学校側は参加者のニーズに耳を傾けず、たんに解答を持って臨みました。その解答は少しも役に立ちませんでした。

解答を与えるのは昔からある罠

私たち大人は善意から、問題を解決する手助けをしようとして、答えを手に、安易な気持ちで問題に飛び込むことがあります。

しかし、本当に手助けしたいと思うならば、特に相手がこどもの場合には、できるだけ、耳と一〇個の目（注意を集中）と一つのハート（真の誠実さ）をもって、傾聴することに専念するべきでしょう。

何かを提案しようと考える前に、問題についてこどもがどう捉えているか、どう対処しようと考えているかを理解することが大切です。そういう気持ちで話に耳を傾けると、彼らが私たちにとって大切な存在であることが、こどもに伝わります。こどもは十分に時間を使うのに値する、大切な存在です。

他人の観点はわかりにくい

私たちが会話をしているとき、相手の観点を理解することは簡単ではありません。それは、脳の進化からきています。

私たちの脳は、こどもの話を聞いているとき、受け取っている情報について、過去の記憶にアクセスしながら、解読し、筋を通し、結果を出そうと懸命に努力しています。

たとえば八歳のジェシーが、学校の校庭で口げんかになったことを話している場面を想像してください。私たちの脳は、自分の体験の中から同じような記憶を探しはじめます。もし学校の校庭でいじめられたという不愉快な記憶があると、脳は、過去の体験とジェシーが言っていることを混同する可能性があります。そして、ジェシーがまだ話している最中に、何が起きたのかについて結果を出してしまうでしょう。

ですから、まさにこの時点で、意識的に、自分の思考から自分を引き離して、ジェシーの話に全力集中する必要があります。聞いたことを明確にするために質問することが必要な場合もあります。

声の調子

私たちが、ジェシーの話をどう聞くか、聞いたことを正しく解釈するか否かに関わる、二つ目のポイントは声の調子です。すでに述べたように、脳の最初の二つの層はかなり昔に進化しました。その頃、私たちの祖先は言葉を持たず、喉から出る音としぐさでコミュニケーションをしていました。このことが今、私たちがジェシーの話をどう聞くか、話を正しく聞き取っているかに影響を与えています。

　野生の生活では生き延びることが第一でした。ですから脳は、他の人たちが出す音とそれらによって伝達される情動の幅を把握するようにチューニングされていました。

　今でも私たちの脳は、音声だけで情動を伝える能力を持っています。研究によると、人間の脳は、身体で感じる音や振動を含む、さまざまな仕組みを通して情動を探知することに非常に長けています。人間の脳は、言葉よりもはるかに素早く情動を探知するのです。

　たとえば、私が多忙な一日が終わってすごく疲れているとしましょう。私は今夜、おいのアーラシュを食事につれて行く約束をしていましたが、疲れていてその気になれません。そして内心で、一日中仕事が忙しくて彼を夕食に連れ出す気力が残っていないことにイライラしています。

　私はアーラシュに電話をしてこう言うでしょう。「先週からあなたを夕食に連れて行くことになっていたけど、今日はとても疲れてしまって、今夜はとても無理だわ」。このとき、私の声は、おそらく、疲労よりもイライラ感を伝えているはずです。

　そしてアーラシュの脳は、私のイライラした声を聞いているに違いありません。しかしイライラ感と疲れているという言葉は一致しません。この結果アーラシュは、私の本心は、彼を夕食に連れ出したくないのだと解釈します。

　現代の生活は非常に多忙なために、他人と会話をするときに、自分の内側に正しく調子を合わせないことがあります。同じように、相手も、私たちと話しているときに、自分の内面に調子を合わせていないことがあります。すると音声を通して、脳は、相手の言葉の前に情動をひろい上げます。これが相手の言葉を解釈するのに影響を与えます。

こうした誤解を避ける方法は、私たちが聞いた内容を、話し相手に確認して明らかにすることです。たとえば、

「私はあなたが〇〇と言ったように聞きましたが、そうですか？」

「あなたは〇〇と言ったのかしら？」

「あなたが〇〇と言ったとき、どういう理由でそう言ったのか教えてもらえるかい？」

こうした言葉を使うことは、自分の中に記憶の引き出しがあると意識していることで、相手の言葉を解釈する前に相手の声のトーンを解釈するかもしれないと気づいていることを表しています。そして、その上で、ジェシーやアーラシュが話していることに再び注意を向けて、相手に気持ちを集中することができることを意味しています。

相手から聞いた言葉を一つひとつ吟味して明確にするように努めると、二人の間のコミュニケーションはずっと明瞭なものになるでしょう。

とてもホッとしますね！　たいていは、ちょっと立ち止まって明確にしたことに内心感謝するでしょう。ジグソーパズルのピースの一つひとつが納まっていくように、ジェシーの校庭でのやりとりの場面がはっきりと浮かび上がるでしょう。アーラシュも、私の言葉と感情が一致していれば簡単に状況を納得できます。

また、ジェシーは、話題の内容に私たちが心から興味を持っていると感じます。私たちはジェシー

相手の言葉を明確に理解するために、敬意を払いながら尋ねる

の観点を知ろうとしています。彼女がどんなふうに感じているのかを感じたいと思っています。私たちはつぎのように話を続けるといいでしょう。

「私は……と感じるけど……」
「……なのかどうか、教えてくれる？」
「もし私があなただったら、怒る／悲しい／失望すると思うけど、あなたもそう？」

心を傾けて聴くことはまた、「誤解を生みがちな」問題について話すときの緊張を和らげてくれます。今度は、九歳のエリコを想像してください。大人はエリコに、晩ごはんになるまでお友達と外で遊んでいいと言いました。彼女はしかし、晩ごはんに遅れて帰ってきました。エリコは防衛的で攻撃的な態度で家に入りました。

このとき大人が結論を急がずに、彼女を、計画性がない、いつも遅れる、信頼できない、などと批判しないで、エリコの話を最後まで聞くならば、彼女は自分を守る態度を和らげることができるでしょう。

彼女は大人たちが、彼女に恥をかかせる、彼女を却下する、非難する、からかうなどもしないし、また罪悪感を持たせようとすることも、彼女を弱小な存在にしようともしていないことを感じ取ります。

すると彼女の脳は、「大人が、本当は自分が幸福になることを願っていて、私の話を聴いてくれる時間がある」と感じ、この安心感の中で緊張がゆるみます。サバイバルモードから開花モードに変わります。

開花モードになると思考脳が非常に活発になるため、エリコは、夕食に遅れたことを内省できるようになります。心地よく感じれば感じるほど、彼女は私たちに話をしてくれるでしょう。遅れた責任を取り、その説明もできるでしょう。そうすれば私たちは、彼女と一緒に一番良い解決法を考えることができるようになります。

このケースでは、エリコは腕時計を忘れて時間がわからなかったのかもしれません。あるいは、夕飯に間に合うように帰宅しなければならないことを、友達に言わなかったのかもしれません。あるいはゲームに夢中になってしまったのかもしれません。

しかし今彼女は、私たちが彼女の話に耳を傾け、彼女にとって一番良いことを望んでいると知っています。もしも、もう一度時間を忘れて帰宅が遅くなったなら、彼女が時間を忘れないようにするにはどうしたらいいかを一緒に話し合うことができるでしょう。たとえば、夕食の一〇分前になったら、私たちから時間を知らせるという手段もあります。またエリコから他の提案が出るかもしれません。

リスペクト（敬意を払う）の定義

相手／対象物が、良い考え、あるいは性質を持っていると私たちが信じるとき、私たちが相手／対象物に対して示す、あるいは感じる、称賛の気持ち。

相手／対象物が、重要であると考えられるときに示される、礼儀正しさ、敬意、気遣い。

相手／対象物に、正しいもの、重要なものがあると感じて、それを変えようとか害そうとしてはならないという感情。

Dictionary.cambridge.org/dictionary/english/respect より

こどもの話を聴く大切さを思い出そう

こどもの話に耳を傾けよう

こどもに共感を示して、理解しよう

こどもが自分で解決法を見つけるように支えよう

第15章 「リスペクト」を行動にする

こどもたちが安心感を持ち受容されていると感じる環境をどうやって作ったらいいか、それを学ぶにはかなりの時間も努力も必要です。この章では、ふだんの生活の中で実際に行動にうつすことができる方法、しかも使う価値がある方法を紹介したいと思います。この方法を使えば確実に関係を良くすることができるでしょう。

・しては＋ダメ（否定）は致命的

私たちは、してほしくないことをこどもに言うことがあります。「するな」が大きい声であればあるほど、情動脳は闘争／逃走態勢をとる準備に入ります、その結果こどもは不適切な反応をする可能性が高くなります。してはダメではなく、何をしてほしいかを言いましょう。

・レッテルを貼らない

私たちは、ビンの中身を知らせるためにレッテルを貼ります。しかし人間にレッテルを貼ると、それは、その人の何かが良くないこと、それはその人の過失であることを示すメッセージになります。そうでなければ、その人が非常に特別な存在で、そのレッテルを維持することがその人の責任だということを示します。

こどもに貼られたレッテルは深く影響を与えて、こどもの行動を誇張する可能性があります。また私たちは、自分が「レッテルを貼る」つもりでなくとも、そうしていることもあります。たとえば、こんな言葉もそうです。

・いつになったらわかるんだ
・何度こんなことを繰り返せばいいんだ?

こうした言葉に伴うトーンや表現は、たいていの場合、言っている本人の欲求不満、いらだち、じれったさを伝えます。そしてたやすく、相手に、「私は何か欠けている」と受け取られてしまいます。「私はバカだ」「私はふつう以下だ」「私には価値がない」と思わせます。こどもは、自分には何かが「欠けている」と無意識に体験します。

やがてレッテルを貼られた当人も言ったほうの大人も、このレッテルを通して見るようになるでしょう。学校の教師は、レッテルを貼られたこどもの行動に対して、他のこどもよりも過剰に反応するかもしれません。またレッテルがポジティブなものであっても、ネガティブなものと同様、悪い影響を与えます。

・「なぜ」と問わない

「なぜ」という語彙は、他の言葉に置きかえたほうがいいでしょう。聞いている相手は、非難、からかい、見下し、何かが欠けている証拠、賢くない、愚かだ、という意味に聞く恐れがあるからです。「なぜ／どうして」という言葉を使わず、人物に注目しないで、話題になっている問題や出来事に注目しましょう。

・「ダメ」を言わない

「ダメ」という言葉を使うのを最小限にしましょう。「ダメ」は、代わりの言葉が見つからないとき、危険なときに使うためにとっておきましょう。たとえばこどもが電気のソケットにナイフを突っ込もうとしているのを見たとき、などです。そういう状況では、「ダメ」が自然に出てきますし、こどもはすぐに従います。それは、私たちがこどもの安全を真剣に考えていることが伝わるからです。

・脅かさない

脅しに対しては、こどもも大人も良い反応をしません。脅しは、敬意の欠如を意味しています。大人がさせたいことをこどもにさせようとして脅迫すれば、こどもたちは従うかもしれません。しかしそれでは、こどもの成長にしたがって脅しの度合いを上げて、恐怖を増大させなければなりません。これは大人がはまる危険なサイクルです。私たちが本当にその脅迫を実行するかどうか見るため、こどもがわざと挑発することも多々あります。

・選択肢を与える

「ダメ」や脅しの代わりに、選択肢を与え、結果を説明しましょう。

決断するときにこどもを参加させることは、こどもたちに関わりがあることについて選択肢を与えることになります。もちろん大人は、それぞれの選択肢がどういう結果をもたらすかを探るのを手伝います。

※注意：「承諾するもしないも君の勝手だ／嫌なら勝手にしろ」は選択肢ではありません。それは脅迫です。そこには他の選択肢がありません。

・人にではなく行為や状況に注目する

どんな会話でも、私たちが「あなた・きみ」という言葉を使わないで、直近の、話題／出来事／主題をテーマにすることができれば、相手が耳を傾けてくれる確率が大幅に増加します。

・こどもの感情を退けない

大人は、「問題解決」モードになることが多く、状況によってはこどもの感情を退けがちです。しかしそうしないで、こどもの感情を承認し、何をするかをこどもが決めるのを手伝う側になることもできます。

こどもが、もう片方の親、教師、祖父母、友達について不満を言っている場合も、感情を退けないようにしましょう。

・神に助けを求めない

こどもはファンタジーの世界を信じていると言いましたね？ こどもは七歳か八歳ぐらいまで、神の存在を心から信じています。そして大人は、こどもたちが信じていることに満足しています。しかし、こどもの行動を変えようとして、神に助けてもらいなさいとこどもに言うとしたら、難しいことが起きるかもしれません。もし何か月たってもこどもの行動が変わらないどころか、悪化していたらどうでしょうか？ そのこどもは、自分はすごく悪い子だから神様さえも助けてはくれない、と潜在意識で信じるかもしれません。

・道徳をしつけに使わない

こどもは、どんな時点でもベストを尽くしています。彼らは自然に、そして積極的に、家族や地域社会の一員になろうとしています。

私たち大人が話しかけやすく、質問を積極的に受け入れ、彼らの質問が何から来たのかを心から知りたいのだとわかれば、こどもたちは困りごとを打ち明けてくれるでしょう。

このときに、何が正しく何が間違いかなど、道徳を説くことはやめましょう。大人の意見を押し付けると、そのうちにこどもは、私たちに彼らの問題を話さなくなるでしょう。

受容する環境を作るために

以上、述べたポイントを、ふだんの生活場面で起きる場面として、イラストで表現しました。

どれにしても練習が必要です。こどもたちを受け入れる環境を作るには時間がかかります。多くの場合、途中で、自分自身が抵抗していることを体験するでしょう。それは私たちの脳が、これまで親しんでいる関わり方をしようとするからです。また私たちが親から受け取っていないものを、こどもに与えようとしているからでもあります。ですから、最初のうちはなかなか難しいかもしれません。何度元に戻っても、自分はこの習慣に永遠にハマっていない、必ず脱出して、別の関わり方ができると自分に言い聞かせましょう。

〜しては＋ダメ（否定）は致命的

する　＋　否（ダメ）を避けよう

レッテルを貼らない

あなたは怠け者だ、という目に見えないレッテルを貼る

レッテルを貼るのを避けて／行動に注目しよう

「なぜ」と問わない

「なぜ」を避けよう

人ではなく、行動に注目しよう

「ダメ」を言わない

「ダメ」を避けよう

Menu
あのケーキ食べたい。
私はこのケーキがいい。
今日の夕食の予算は〇〇円なんだ。これを、食事にどう使ったらいいかな。

選択肢を与えよう

脅かさない

脅かしを避けよう

状況をはっきり理解できるように手助けしよう

選択肢を与える

命令するのを避けよう

がんばってお城を作って、やっと半分終わったのね。今途中でやめるのはいやよね。でも、これからお風呂の時間ね。
そうね……そのお城は、そのまま明日までとっておこう。そうして明日続けて作ったらどう？　それとも明日は別のを作る？
お城が壊れないように、私も手伝うから。

選択肢を与えよう

人にではなく行為や状況にフォーカスする

人に焦点を合わせるのを避けよう

人にではなく、行為や状況に焦点を当てよう

こどもの感情を退けない

こどもの感情を無視するのを避けよう

こどもの感情を認めよう

神に助けを求めない

神に助けを求めない

行動に注目して、こどもに選択肢を与えよう

道徳をしつけに使わない

しつけに道徳を使うのを避けよう

行為にフォーカスしよう

第16章　こんな言い方をしよう

ここまで、こどもの「適切でない」行動は、こどもの内面で何かが起きていて、脳が、闘争／逃走態勢（＝脅威モード、恐怖モード、サバイバルモード、危険モード）になっていることを学びました。

では、どうしたら私たちは、ふだんのこどもとの関わりを、彼らが恐怖や脅威を感じない方向に変化させることができるでしょうか？　そしてこどもたちの「脳と身体」が、私たちから受け入れられていると感じるように、手助けできるでしょうか？

以下は私からの提案です。

避けましょう	促進しましょう
大人がこどもから距離を置く行動	こどもとつながる行動
こどもを拒否することを示す行動（大人が望むことをこどもが実現できないという理由で、こどもに価	受け入れることを示す行動（こどもたちがそうしてほしいときに、大人も彼らと共に居たいという行動

値がない／大人に受け入れられないことを示唆する）。	をとる。それは、こどもが私たちにとって大切な存在であることを示す）。
大人の態度 こどもから遠ざかって引きこもる（そのときに現れているこどもの行動に対応できないため）。	**大人の態度** 敬意を払い、こどもと心を通わせる。寛容、共感、思いやり。
基本にある考え方 こどもはわざと大げさにする。 こどもは、大人と話す前に、自分の内面を自分で整理する必要がある。	**基本にある考え方** こどもを尊敬し、こどもが混沌状態を体験していることを認める。 また、こどもがベストを尽くしていることを高く評価する。

つぎに、大人が楽しんで使うことができる言い方を紹介します。表の上段の言い方を避けて、下段の言い方をしてみましょう。

つぎの言い方を避けましょう	つぎの言い方をしましょう
あなたは何を考えてるの？	これを手助けするわ。
何度言ったらわかるんだ？	あなたが忘れないようにするには、私はどうしたらいい？
今すぐにやめなさい。	内側でいろんなことが起きているんだね。どうしたら助けられる？

君はぼくを怒らせたいようだ、そうだろ？	大声で叫ぶことが必要だね、していいよ。
あなたにはすごくイライラする。	すごく辛いね。ぼくはいつも君のそばにいるから。
今すぐにそれをやめろ。私たちを困らせてるんだぞ。	静かな場所に行って、このことを整理しよう。
今すぐにやめないなら、一週間／一か月、○○はないわよ。	これは君にとって難しい問題だね。あとで一緒に取り組もう。
今すぐ自分の部屋に入りなさい。お行儀よくできるようになったら出てきなさい。	内側でたくさんのことが起きているんだね。君と一緒に座っているよ。
あんたはまだまともにできないの？	ほかに何か別の方法でできるか、一緒に考えてみよう。
冷静になれ。	大変だね、私にどうしてほしい？
そんなことをするのをやめなさい、今すぐ。	すごく大変だね、手をつなごうか？
落ち着け、今すぐ。	とても大変だね。手をつないでいようか？
落ち着きなさい、そうでなければ、自分の部屋に入りなさい。	とても大変だね。君のそばにいるからね。
いったいあなたの中でどういうことが起きているの？　お行儀よくできないの？	たくさんのことがあなたの中で起きているんだね。とっても辛いと思う。そばにいていつでも助けるよ。
私の言うことを聞けない（聞く＝従う）なら、○○はさせないから……	君の中でどういうことが起きているの？　教えてくれる？　聴いているから。
気の毒に、怒っているのね（こどもを見下して）。	あなたが怒っているのを見るのは悲しい。

無作法だったわ、ごめんなさい。でも……（自分の行動が、こどもや他のもののせいだと言っている）	失礼な態度をしてごめんなさい（責任を取る）。
無作法だったわ、ごめんなさい。私はあのとき、本当に気が動転していたの（自分たちの行動の言い訳をしている）。	失礼な態度をしてごめんなさい。〇〇（不適切な行動）が起きたとわかっている。でもそれは、私があなたにひどい話し方をしたことの言い訳にはならない。謝ります。
無作法だったわ、ごめんなさい。私はあのとき、本当に気が動転していたの。それにあのときのあなたの行動は助けにならなかったわ（言い訳をしたあと、自分たちの行動をこどものせいにしている）。	失礼な態度をしてごめんなさい。〇〇（不適切な行動）が起きたとわかっている。でもそれは、私がひどい話し方をした言い訳にはならない。ごめんなさい。あなたの気持ちと事態を少しでもよくするには私はどうしたらいい？

最後に、大人がこどもに謝る例を紹介します。私たち大人にとってこれはかなり難しいことです。209～211ページのイラストは、敬意と共感をもってこどもにどう謝ったらいいかを示しています。

コーチがこどもたちをないがしろにしている

こどもたちは、拒否されて、後回しにされていると感じている

こうしてコミュニケーションが続きます……コーチが急な用事に対応する一方で、こどもたちは大事にされています

こどもたちは敬意のある対応をされて、大切にされていると感じている

第17章　「そう言ったでしょう！」は使わないほうがいい

私たちは誰でも、「だから言ったじゃないの」という言葉で叱責する癖を持っているのではないでしょうか？　そしてまた、この言葉をさまざまな場面でこどもに（おそらく大人にも）使っていると思います。

「そう言ったでしょう、私の言うことをよく聞くべきだったのよ」という言葉は、一見、役立つように見えます。しかしこの言葉は、深いところにダメージを与える力を持っています。この言い方はあなたの語彙から削除するのが一番です。

このことを理解するために、想像上のこども、アンナとビクラムに登場してもらいましょう。

アンナは七歳で、今お父さんと一緒に近くの公園にいます。公園には、ブランコや、シーソー、滑り台などの遊具がたくさんあります。こどもたちが走りまわる場所や、キャッチボール用の場所もあります。

公園に着くとすぐ、アンナは興奮して走り出しました。お父さんは、そんなに速く走ったら転んで怪我をするから速く走らないように注意しました。でも彼女はいっそう速く走りはじめたので、お父さんはさらに声を張り上げて、速く走ってはいけないと注意しました。するとアンナはさらに速度を上げて走り出しました。お父さんは彼女を追いかけて、言うことを聞きなさい、そんなに速く走ってはダメだと怒鳴りました。はたして数分後、アンナは木の根につまずいて転倒しました。両膝を擦りむき、ひじから出血しています。

お父さんが言いました。「だから、速く走るなって言ったじゃないか。どうしてお父さんの言うことを聞けないんだ？　すぐに家に帰るんだ、もう今日は公園では遊べないよ」。

つぎは一三歳のビクラムの例です。彼が自分の部屋で、スマートフォンでゲームをしていると、お母さんが入ってきました。私たちはこの本の中ですでにビクラムに会っていますね。お母さんは、ビクラムの部屋に入るたびに彼がいつもゲームをしていると感じています。お母さんは何度もビクラムに、真剣に試験勉強をしなければいけませんよ、ゲームをやめなさい、と注意しました。

最初の試験が終わりました。学校からビクラムの両親に成績表を取りにきてくださいというお知らせが来ました。成績はどの科目もＢとＣでした。

心配したお母さんはビクラムにこう言います。「お母さんの言うことを聞くべきだったわね。何度も、勉強しなさいって言ったでしょう。あなたはゲームばかりしていたわ。いつになったら試験のことを真剣に考えるの？　成績が良くなるまで、スマホゲームは禁止ですよ」。

二学期の成績が来ました。彼の成績はもっと下がっていました。

ビクラムとアンナの二つの例に共通していることは何でしょうか？　それは、大人がこどもに圧力をかけているものの、こどもは大人の期待どおりに行動していないことです。

どうしてこうなったかを説明するのに一番考えられるのは、こどもに対する敬意と思いやりが大人に欠けていることです。私たちはこの時点で少し深く見てみる必要があります。というのは、どちらの例でも、関わり方に敬意や思いやりが欠けているようには見えないからです。アンナのお父さんはこどもを守りたいだけですし、ビクラムのお母さんは彼の人生が良いものになってほしいだけです。

ここで、ダメージを与えているものは何かを知るために、敬意の第三の面を思い出してみましょう。それは、尊敬する相手を、変えたり、傷つけたりしてはならない、というものでした。これは、どんな人も、その時点においてベストを尽くしていると信じることを意味しています。こどもであれ、大人であれ、ベストを尽くしていないことがあるでしょうか？

アンナは速く走ったために転びました。それは良くない選択でした。しかしながら、アンナは転んで怪我をしたいと思っていたでしょうか？　絶対にそうではありません。アンナは、速く走って転ぶという選択を意識的にしたのでしょうか？　そうではありません。彼女はベストを尽くしていました。彼女は広々とした公園で長く遊んでいたいと思っていただけです。転んで怪我をしたいとは思っていませんでした。しかし転んでしまいました。

つぎのビクラムの言葉は、これに似た失望感を表しています。「ぼくはゲームをする、ぼくにはゲームをする「必要」がある。これはぼくが勝つか負けるかできる唯一の時間だ。ぼくを背後で監視している人は誰もいない。自分が自由だと感じる、ゲームをしているときは解放されている。ゲームはぼくを緊張から解きほぐして、リラックスさせる効果がある。ぼくを非難する人は誰もいない。ぼくはただゲームをするだけ、そしてつぎにもっとうまく動くにはどうするか考えるだけだ。ゲームをすると気持ちがよくなる。プレッシャーがないから。ゲームをしているときの挑戦や競争、成功、スコアを伸ばすのは気持ちがいい。あの感覚が大好き。このゲームをするたびにすごくいい気持ちになる。ぼくにも上手なものがあると感じるから」

「お父さんもお母さんも、本当の意味でぼくを心配していない。心配しているなら、何度もぼくの失敗をいやというほどぼくに見せつけて、もっと勉強しなさいなんて言わないと思う。ぼくが良くなりたいと思っていないと思っているんだろうか？　ぼくだってベストを尽くそうと思っているってわからないんだろうか？　座って勉強していると、しばらくして頭がぼやっとしてくる。もうそれ以上集中できない。それでゲームをして、ストレスを発散して、なんとか頭がうまく働くようにする必要があるんだ」

七歳のこどもも、一〇歳も、一三歳も、一八歳のこどもも、成績で判断され、価値を与えられ、認められる世界で生きています。平均点より低い成績をとって、彼らがうれしいと思いますか？

大人にはこどもが、勉強をしたくない、怠けている、頑固だ、遊んでいたい、と見えるかもしれません。私たちが彼らに、「怠け者、頑固者、遊んでばかりいる」といったラベルを貼って彼らを見ていると、こどもたちもまた、自分がベストを尽くしているのだと信じることはなかなかできません。

そこで、そう考える前に、目標を達成できないときにこどもの内面に湧き上がる情動をよく見る必要があります。

外側で、こどもは、ふてぶてしい、反抗的、命令に従わない、服従しない、厚かましい、悪い成績を気にしない、といった態度を見せているかもしれません。

しかし私たちは、彼らの内面を理解しなければなりません。彼らの選択が、しょっちゅう間違っているとき、彼らの中で何が起きているでしょう？

そのとき、つぎのような言い方をしてこどもにプレッシャーをかけたなら、何が起きるでしょう

こどもは、私たちの関わり方を、支配と見ています。

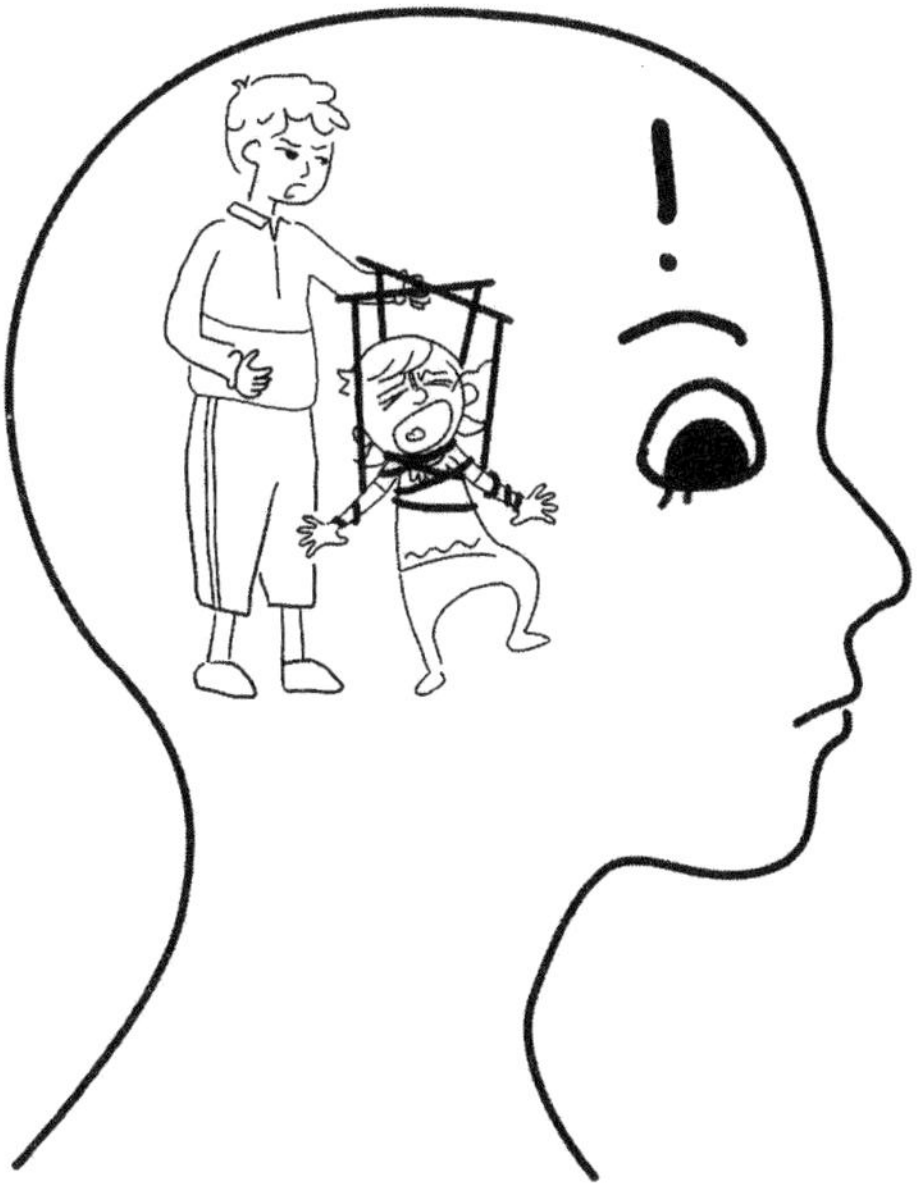

か？「私の言うことを聞かなかったからだ。〇〇をしてはダメだと言っただろう」。

このことを理解するために、私たち自身が間違った選択をしたときに内側で何が起きるかを調べてみましょう。それをこどもに当てはめてみましょう。

大人は、失敗したとき、間違ったとき、どう感じるでしょうか？　自分の中で感情が混乱するのがわかると思います。一般的にこういう感じでしょう。

・不適切な選択の結果に直面するのが、不安で、怖い、恐ろしい、茫然自失状態になる。
・つぎに何が起きるか、心配だ。
・自分を失望させたことで、自分に落胆する。
・期待した結果が、望んだものとかなり違っているので悲しい。
・自分を信じてくれた人たちを裏切ったことに落胆する。
・私たちがより良い行動をするようにと強く願ってくれる人たちに悲しみを与えて悲しい。
・別の方法でしなかったこと、やっかいで最悪な思いを自分で招いたことに対して、自分にイライラし、当惑し、怒りを感じる。

こうした感情は、同時につぎのような多くの身体感覚として感じられるでしょう。

・顔がぱっと明らむ、顔が赤くなる、それを自分で抑えられない。
・胃のむかつき。
・胃の中の硬い緊張として感じられる、失望感。
・胸が締め付けられる感じ。
・窒息するような感覚。

・同じような状況が起きるたびに現れる、不愉快な心臓の頻拍。
・トイレに駆け込んで、お腹を空にしたいという気持ちに駆り立てられる
・口の中の乾き。苦いものを食べていないのに、口の中で苦い味がする。
・全身の緊張。この状態はつねに警戒態勢を経験させて、身体を非常に疲れさせる。
・腕や足のかすかな震えとして現れる、腕や足の緊張。

私たちはここにあげた症状を、たんにストレスと呼ぶかもしれません。しかしここにあげた多くの身体感覚から、私たちが何か間違いを起こすと、多くのことが起きることがわかります。その時々の状況――たとえば相手との関わりの程度や重要性など――によって程度の違いはありますが、情動と感覚の混乱が起きています。

では、身体の中では何が起きるでしょうか？　間違いをすると、脳は、それを生存に対する脅威と受けとめて反応します。きっと私は、評価され、欠けているとみなされ……欠陥……拒絶されるだろう。こうして警鐘が鳴り響きます。情動脳と爬虫類脳が警戒態勢に入り、身体は闘争／逃走モードになって生き延びる準備を始めます。

サバイバルのための脳の反応程度は、過去に同じような状態に対処したときの脳の体験が元になっています。この反応は、意識的に考えることなく起こります。そして警鐘が緊急であればあるほど、合理的に考えるための思考脳が働かなくなります。

私たちは、こどもたちも、間違った選択をしたとわかったときに同じように感じることを、それも大人よりもっと強烈に感じることを、認めて、信じることができるでしょうか？

すでに述べましたが、小さなこどもたちは情動を強烈に感じながら、言葉で表現することがうまく

できません。彼らの脳は、情動脳のほうが思考脳よりもずっと発達しているのです。

こどもによっては、大声を出して「不適切な」行動をとって（アクト・アウト）、情動・感情・感覚を表現するでしょう。またそれらを内側にこもらせる（アクト・イン）こどももいるでしょう。

私がこの分野で仕事をしてきた体験、そして個人的体験からいえば、私たちが「適切でない」選択をして、その結果を体験しているとき、私たちは自分を大きく感じません。実際、自分をちっぽけだと感じます。

間違った選択をしたときのこどもたちも同じです。多くのこどもたちが、勇気を出してこの事実を話してくれました。左は、彼らの率直で、リアルで、正直な言葉です。

・私は、過ちをすると、内側全体が不安定になって揺れるように感じる。
・ぼくは、自分に何が起きるんだろうと考えると、内側がガタガタ揺れる。
・私は、すごく気持ち悪い感じになって、ちっぽけな感じがする。
・私は、自分がどんなに小さいかを、他の人にわかられないか気になる。
・ぼくは、自分を紙の上に書かれた点ぐらいの大きさだと感じる。
・ぼくは小さくなりたくないけど、すごく小さくなる。

大人も、つぎのように、同じようなことを感じています。

・これってすごく理に合いませんよね。あなたに話すことさえも、自分がバカだと思うんです。身体の大きさは変わらないはずなのに、それでも、間違いをすると縮んでいく感じが止まらないんです。私はもう五歳のこどもじゃないのに、です。五五歳にもなって、ですよ！
・私は間違いをすると、自分が裸で、むき出しで、弱々しくて、ちっぽけだと感じます。だから自分をぶちのめします。だって、そんなふうに感じるべきじゃないからです。私は大人なのですから！

・どうして過ちをするとこんなに身体から力が奪われるんでしょう？　こう言っている今も、あなたを見ることさえも難しい。このことをあなたに話していることが恥ずかしい。

・完璧さを目指せば目指すほど、目標から滑り落ちる感じがします。同時に、自分で決めた標準に届くことができないでまた一日を過ごすのかと考えると、ますます震えが大きくなって不安定になります。

以上、私たちは、不適切な選択をしたときに体験する、私たちの内面の「闘争／逃走メカニズム」について簡単な力学を理解しました。それでは、そういうときに、大人が「だから言ったでしょう」と言うと、どれほど深い破壊力があるかを見てみましょう。

大人が体験する「だから言ったでしょう」

最初に、私たち大人の見方から始めましょう。私たちは、こどもが辛い破壊的な体験をしているのを見るとき、内面で何が起きているでしょう？　私たちの本心は善です。私たちはこどもに苦しんでほしくありません。転んで痛い思いをしてほしくありませんし、「良くない」成績を取る苦痛を味わってほしくありません。私たちはこどもの将来が明るく、成功することを望んでいます。

私たちはこどもの輝かしい将来が確かなものになってほしくて、早く走ってはダメと言い、もっと勉強しなさい、と言います。私たちは彼らが最良の状態であるように願います。

そして、こどもが指示に従わないのを見ると、差し迫る危険を心配する気持ちが膨れ上がります。

繰り返し注意し、声が大きくなり、だんだん厳しい声になり、しつこくなり、厳しい言い方になるでしょう。しかしこどもは、その言葉に「耳を傾ける」ことをしないように見えます（私たちはおそらく、「従え」と言っているのです）。大人は、災難、過ち、大失敗が起きるのを予見し、恐れ、そしてそれが起きます！

愛するこどもが苦しんでいるのを、痛がっているのを見るのは、大人にはとても辛いことです。私たちは、自分自身の情動・感情・感覚の混乱と同時に、こどもが傷ついているのを見ることで沸き起こる混乱に対処しなければなりません。そしてこの何層もの内面的な体験をしている間にも、こどもたちの体験に耳を傾け、こどもたちと共にあるために、自分が体験していることをわきに置いておく必要があります。しかしこれは、非常に難しい作業になるでしょう。それは、私たちが誰からも手本を見せられたことがないからです。特に、最初のうちはたいへん難しいものです。

私たちは、こどもと自分が感じている強烈な痛みをどうやって和らげたらよいかわからないという状態に陥るでしょう。このとき、気づいていることと言えば、こどもが私の言葉に「耳を傾けて」さえいたら、この痛々しい、苦しい状況は避けられただろうということです。

そのとき私たちが本当に言いたいことがあるとしたら、つぎのような言葉でしょう。「あなたに私の言葉に従ってほしかった。そうしたら、私もあなたもこの痛みを避けることができたと思う。あなたと私が苦しんでいるのを見るのは辛すぎる」

しかしながら、アンナとビクラムの耳には、私たちが本当に言いたかった言葉は聞こえません。彼らが間違った選択をした結果、こどもと私たちの双方が経験することになった情動・感情・感覚の混乱に対して、どれほど私たちが心配し、悩み、大きな不安を感じているか、こどもの耳には聞こえていません。

こどもが体験する「だから言ったでしょう」

こどもは私たちの言葉をまったく異なる意味で聞いています。善意から出た私たちの意図は、こどもが解釈するときに失われます。

こどもは、大人の言葉を、こどもたちが安全でいてほしい、良い人生を歩んでほしいと願っているとは聞きません。彼らが聞き取るのはつぎのようなことです。

・叱られている。大人の言うことを「聞かなかった」ことで、ガミガミ言っている。「聞かない」は、「従わない」と言っていることと同じ。
・この災難と損害を大人にもたらしたのはこどもだと責めている。
・無能だと非難している。もっとよくできなかったとガミガミ言っている。
・もっと良い選択をしなかったことで辱めている。
・家族に恥をもたらしていると言っている。
・今も苦しんでいるのに、さらに傷に塩を刷り込んで痛みを強くしている。
・わたし（こども）に落伍者だと言っている。

間違いを起こしたこどもが、大人がたいてい言う「だから言ったでしょう」を聞いて、その意味を大人の意図とは反対に解釈して内面に取り入れると、何が起きるでしょう？ 「だから言ったでしょう」という言葉による二回目の脅しによって、「自分は欠けている」と思ったことが現実になるかもしれません。

また、厳戒態勢を取って、闘争か／逃走かの準備をしている身体に、何が起きるでしょう？　この瞬間、こどもたちは、間違いをしたあとに「小さく」なったときよりも、「もっと小さく」なったと感じないでしょうか？

こどもの性格と、過去の大人との関わり方によりますが、こどもの行動は、防衛、攻撃、後退、服従の一つをとるでしょう。

私たち大人が必ず知っておくべきことは、アンナやビクラムのようなこどもたちが闘争／逃走態勢になっているとき、思考脳のほうは、考えたり内省したり、熟慮したりじっくり考えたりすることがいつもよりも難しいという事実です。

そんなときに、大人が、アドバイスや解決法や道徳的な話をしても、大人が望む結果にはなりません。こどもたちが受け取るのは、自分が大人を失望させて、がっかりさせているということだけです。

もともとは間違いをしたときにこどもの中で生まれた情動や感情や感覚を、大人が、意識しないで、増大させてしまったのです。

つぎにイラストで紹介する二種類の関わり方は、「だから言ったでしょう」という言葉の破壊力を示すものと、模範となる良い関わり方です。

こどもを非難するために「だから言っただろう」という言葉を使っている

こどもを蔑んでいる

説明を伴う提案をして、こどもに決めさせる

こどもの痛みを感じる

大人は再び選択肢を与えている。また心配していることを伝える。それが内省を促す

第18章　こどもに罰を与えない、こどもを遠ざけないしつけ

こどもに罰を与えず、こどもを遠ざけないしつけをすると、こどもたちが安全だと感じ、私たちに受け入れられていると感じて成長します。

この安心できる空間で、こどもたちは、自然に、健全な価値観とウェルビーイングに引き寄せられます。また積極的に自分が属する家族や地域社会の一員になろうとします。彼らは人生の困難に正面から立ち向かうために、内省する力を身につけ、また回復する力を身につけようとします。

罰を与えず遠ざけることをしないしつけは、確かな効果があります。なぜなら、こどもたちが情動・感情・感覚の混乱を体験している間、大人から拒絶されていると感じないからです。

罰を与えず遠ざけることをしなければ、こどもは、私たちとのつながりを感じ、受け入れられていると感じていて、必要があれば大人に近づくことができます。ジャッジされないと知っているというのは大きな安心です。こどもが内面で起きていることを解決しようとするときに、この安心感が彼らの支えになるのです。

大人に受け入れられて安心すると、こどもたちは自分の行動を内省できるようになります。何か間違いをしたときには、自分がしたことを認めて説明することができます。もし自分が悪かった場合は心から謝ることができます。また、レジリエンス（柔軟に回復する力）を身につけて、立ち直ることが可能になり、つぎの挑戦に立ち向かうことができます。

罰を与えない・こどもを遠ざけないしつけが行われる環境では、こどもは、「遊び」という解放的で何にでも興味津々のエネルギーとつながり続けます。そして、人生と呼ばれるこの旅を体験したいと熱く望みます。

こどもたちが、ふだんの生活の中で、受け入れられていると感じ、身体的にも情動的にも安全だと感じることができる環境を作るために、まわりのこどもたちにつぎのような関わり方をしましょう。

- こどもに、敬意、共感、思いやりを持つ。
- こどもたちが理解でき、意識できる、よく考えられた健全な限度（「適切に取り決められた境界やルール」）を設定する。できれば、そのような話し合いにこどもを参加させる。
- この限界、あるいは限度を、やさしく敬意を払って維持する（これは、大人にとってたいへん難しい場合があります）。
- こどもがこの限界の線を超えたときに、こどもを遠ざけずに、つながりを持ち続ける。つまり、こどもに寄り添って話を聞くことを行う。こどもを遠ざけることをしない。

この環境では、大人が主として行うことはつぎのようなことになるでしょう。つまり、よく考えられた健全な限度（適切に話し合われたルールで、こどもによく理解されている）を設定して、それを維持することです。

こうした限度は、私たち大人が、この境界線をやさしくしかも敬意を払う方法で守らなければ、その役割を果たしません。おそらくこれは、最も手ぎわを要する部分です。なぜなら、こどもたちはしばしば境界を押し戻そうとしますし、ときには、決めたことに例外を作ろうとするからです。

罰を与えない、遠ざけないしつけは、過剰に甘い子育てをすることではありません（この種の子育ては、こどもに、自分は十分に良いこどもではないために、まわりの大人の注意を引くことさえできないという恐怖を持たせてしまうかもしれません）。

しかしながら、これは罰を使うのとも異なります。私は、こどもたちからつぎのようなことをよく聞きます。それは、罰は、罰を下した相手に怒りを感じるようになるだけで、つぎは、もっとうまく「悪いこと」を隠そうとしたり、ふてぶてしくなることを学ぶというのです。

罰を与えても、こどもたちが行動を省みるようにはなりません。また行動の責任をとるという意味でも役に立ちません。たいていの場合、罰を与えることは、大人の側に、こどもが大人を巧みに扱っていると感じさせるような状況を作り出します。その結果大人は、こどもとのパワーゲームにはまった気持ちになります。

私はつぎのような親たちの言葉を繰り返し聞いてきました。

「娘のソフィアは、私を巧みに操るのがうまいんです。私が何か彼女がほしいものをあげないと、ものすごいかんしゃくを起こして、地面に頭を打ち付けるんです。それで私は、負けてしまいます。ほかにどうしたらいいかわかりません」

「ユージーンは、私が、食事を終わらせてほしいのを知っているのに、何時間でも食べないで座っていられるんです。どうして彼とのやりとりをいつもパワーゲームみたいに感じるんでしょうか？　そして最後には私は負けるんです。これってどういうことでしょうか？」

ここに紹介した例は、本当に大人とこどもの間のパワーゲームだと思いますか？　私たちがこどもがほしいものを与えないとき、こどもたちは私たちを支配しようとするでしょうか？　現実には、ザック、モリー、ソフィア、ユージーンは、「力の競いあい、パワーゲーム」という概念を知りません。これを理解するために、ユージーンが権力と支配という概念を知っていると想像してみましょう。彼は、この「権力、パワー」は誰の手にあると考えるでしょう？

ユージーンはおそらく、私たち大人がすべての権力を持っている、彼の人生を支配していると考え、感じ、体験し、「信じ」ていることでしょう。彼は遊ぶのにも私たちの許可が必要です。公園に行くにも、アイスクリームを食べるにも、テレビを見るにも、また昼寝をしないことや、チョコレートをもっと食べるにも、私たちの許可がいります。そんな彼が、自分に少しでも力があるとか、その力を、私たちを操作して支配するために使うなどということを考えるでしょうか？

ユージーンは、この世に誕生したとき、彼のすべての権力と支配権を私たちに文字どおり渡しました。私たちは、自分が好きなように、彼を形づくり、型に入れ、育てるのです！　彼は快く私たちを信頼しています。現実に彼はこの世で生き延びなければなりません。私たちを信頼しないという選択は彼にあるでしょうか？　信頼しないというのはたいへん怖い考えです。私たちもこどものときに一度はこうした状況にいたことを思い出してみましょう。

大人が、こどものかんしゃくなどを含む「従順でない」態度をパワーゲームだと解釈すると、全体としてネガティブな影響が出ます。大人が、これが起きるのを許して、その上でこどもの情動・感情をわざと「無視する」たびに、こどもの、自分を信頼する力が少しずつ腐食していきます。

もしも、大人がこどもとのパワーゲームにはまってしまい、無力感、イライラ、不愉快さ、怒りを感じるときには、こどもも同じように感じていることを思い出してください。ユージーンやソフィアは大人よりも、もっとずっと小さくなっているでしょう。その上彼らは、私たち大人に頼る以外は、自分を助ける手段がほとんどないのです。

そして、私たち大人が、このパワーゲームの「根源」を理解しようという気持ちになるのは、私たちが警戒態勢を解いて、こどもと自分に対して思いやりを感じることができた後のことです。

セラピストとしての長年の経験から、私は、パワーゲームは、表に出ている問題や「話」のことではないことを学びました。では、もう少し深く見てみることにしましょう。

お互いを大切に思っている二人が傷つけあうことになるとき、そこに何が起きているのでしょうか？　このパワーゲームのようなものの下にあるものは、どういう力学でしょうか？　パワーゲームを避けるためには、大人は、いつもこどもに負けなければならないのでしょうか？　どうしたら大人は、やさしくしかも毅然として境界線を引きつつ、ソフィアやユージーンが、ほしいものを手に入れられない苦痛を体験しているとき、彼らを「手助けして」「育む」ことができるでしょうか？

これからイラストを使って、罰を与えたりこどもを遠ざけたりしないで、限度や規律を設ける例を紹介します。

やさしく毅然として、境界を設定する

やさしく毅然として境界を設定する

脅しは無意識メッセージ（警告／支配／つながりの喪失）を運ぶ

脅すのではなく、状況に注目しつつ最後まで限度を守る

これからは、宿題が終わらないとゲームはダメだぞ。いつになったら、宿題が一番先だってわかるんだ。ゲームをしたって、将来仕事にはならないぞ。何回言ったらわかるんだ。
宿題はそこまで重要じゃないよ。ユーチューブを見なよ。ゲームを作って億万長者になっているこどもだって山ほどいるじゃないか。ぼくだって、いつか見てなよ……。

会話のスタイル：支配

会話のスタイル：直近の問題に注目し、懸念を表しながら、受け入れる

会話のスタイル：直近の問題に注目して、懸念を表しながら、受け入れる

相互作用のスタイル：直近の問題に注目して、懸念を表しながら、受け入れる

こどもたちは、彼らの人生を決断する力をいくらか持つことを切望している
（そして間違ったときに、大人から思いやりを示されることを望んでいる）

第19章　思春期のこどもはなぜ大人に口をきかなくなるのか？

思春期のこども（ティーンエージャー：一三〜一九歳）とそれ以前のこどもの間には明白な違いがあります。それは、年少のこどもたちが生存するために大人を必要としているのに対し、ティーンエージャーは独立する日が近いことです。この事実だけでも、大人が「適切でない」行動をしはじめると、特に彼らに対してそうすると、彼らが我慢しない傾向があることを示唆しています。

ここでは想像上の少年、ジェイコブの例をお話ししましょう。彼は一五歳です。彼は今、家のテレビでリオのオリンピックを見ているところです。そのときお母さんが仕事から帰ってきて、少しの間一緒にテレビを見はじめました。テレビは男子八〇〇メートル決勝の再放送をやっていました。お母さんはソファの後ろで立って見ていました。すぐに赤ん坊の様子を見に行かなければならなかったので、ソファに座る時間がなかったのです。

最初のランナーがゴールのテープを切ったとき、お母さんは、二番目になったタウフィク・マフルーフィについて、何気なく、もう少しがんばっていたら金メダルを取ったかもしれないわね、とコメントしました。

　これを聞いたジェイコブはあきれた表情になり、母親に目をむいて、胸の前できつく腕を組みました。お母さんはどうしたのと聞きましたが、それには答えず二階の自分の部屋に行ってしまいました。

　お母さんは、どうしてジェイコブが腹を立てたのかわかりませんでした。母親は、マフルーフィには十分に能力があるのだから、もう少し努力したら金を取っていただろうに、と言っただけなのにと考えていました。

水面下にあるもの

　母親は、ジェイコブが何年間も同じような話を聞いてきたことを意識していません。試験の成績やスポーツ、テコンドー、ギターのレッスンなどについて、彼女はつねに、成功するべき、一番になるべきだと言ってきました。

　実際お母さんはいつもジェイコブに、もう少しでいい、努力を惜しまずに厳しい練習をする必要があると言って、今回と同じようなコメントを繰り返してきました。そしてジェイコブはそれを嫌だと思っていました。成功しても条件つきの賞賛しかもらえないなら、成績が良くなかったらどうなるのでしょうか？　ジェイコブは、母親の言葉から敬意や共感や思いやりを感じていません。誰にとってもそれらは自分が尊ばれており、所属する家族や地域社会から受け入れられていると信じるために必要なものなのですが。

　第13章の「努力を認める」では、こどもたちに受け入れられていると感じさせる重要な要素の一つが、彼らの努力が認められることだと述べました。

こどもは自身の活動に懸命に努力していることを私たちから承認されることで、私たちから「認められている」と信じます。それは、イコール家族や地域社会における彼らの存在を認めることになります。私たちが、彼らの声を聞き、理解したということです。

受け入れてほしいという欲求は、ティーンエージャーもこどもたちと変わりません。彼らは、自らが属している家族や地域社会で無条件に受け入れられる場を持っていることを知りたいのです。

ジェイコブは、タウフィク・マフルーフィが、オリンピックに参加するためにどれほどの努力をしてきたかを知っています。彼は心の中で、マクルーフィが世界のひのき舞台に立ちベストを尽くしたのを見て、尊敬し、共感し、思いやりを感じました。

そんなときに彼は母親の言葉を聞きました。彼には母親の言葉は、努力が問題ではなく、勝つことが大事なのだと聞こえました。

そうです！　望んでもいないのに、あるいはそうと知らずに、恐怖と不安が石つぶてのようにジェイコブに降り注いだことでしょう。マフルーフィの努力が認められないというなら、ジェイコブに希望があるでしょうか。これまでジェイコブは、認められ、大切にされ、敬意を払われたことがあるでしょうか？　十中八九、ジェイコブは表面下のこの気持ちをはっきりと意識していません。彼が知っているのは、お母さんが彼をムカつかせ、イライラさせ、怒らせたので、会話を終わらせたくなったことだけです。

お母さんはジェイコブの奥にある引き金に触れて、彼の身体に緊張を走らせてしまいました。彼は、母親には敬意と共感と思いやりが欠けていると感じました。なぜなら、彼がずっとベストを尽くしていたのに、お母さんが一度もそれに気づかなかったからでした。

何分もしないうちに、ジェイコブの中にお母さんの無頓着な言葉が引き起こした無力感、絶望感、落胆は、誰からの手助けも得られないことによって、急速に怒りに変わります。彼は、絶え間なく大人から評価され判断され、欠陥があり、不十分だと指摘されることに怒っています。

ジェイコブは母親のいる居間に入ってきて、「一度も自分を大切にしたことがない」と言います。母親は、彼の怒りと非難の言葉を聞くでしょう。しかし彼の言葉を、母親に「認められて理解される」のを渇望していると聞くでしょうか？　おそらくそうではないでしょう。そして母親はカッとなってこう言うでしょう。「とても無作法で、こどもっぽいわよ」と。その上で、「もちろん彼を大切に思っているわ」、と。

ジェイコブは、お母さんに部分的にでも抵抗したことによって、勇気を感じるかもしれません。しかし彼は、自分の悲しみを包んで、つぎのように柔らかな言い方で伝える方法を知りません。「ぼくはお母さんから、ランナーの努力を認めない、敬意を払わない言葉を聞いたとき、意気消沈した。そして、これではぼくの努力なんか、認められることも価値があるものと思われることもないだろうと思った。ぼくはお母さんにとって満足できるこどもじゃないんだね」と。

彼は、自分の気持ちを母親にどう話したらいいのか、見当がつきません。彼には、そういうことを教えてくれる模範になる人が身近にいませんでした。お母さんははたして理解してくれるでしょうか？　母親のほうもまた、どうしてジェイコブが自分の一言一言にそんなに神経質になるのかわからずに悲しんでいます。

ジェイコブと母親の関わり方を読まれた読者は、敬意・共感・思いやりの重要性を理解されたでしょう。私たちはみな、自分の言葉が聞き入れられて、理解されることを熱望しています。誰でも、与えられた環境の中でベストを尽くしているのです。

つぎのイラストは、こどもに、どのように敬意、共感、思いやりを伝えたらいいかを示しています。

今日はどうだった？

学校に行きたくない。この学校大嫌い。

そんなに興奮しないの。何があったの？

もういいよ。たいしたことじゃないし。どうせ言ってもわかってくれないんだから。

私の落ち度みたいに怒るのね。何か、私が悪いことを言った？学校で何かあると、いつも私に八つ当たりするのね。

何も言わなければよかった。

感情をしりぞける

今日はどうだった？

学校に行きたくない。この学校大嫌い。

何があったの？

間違ったことをして、みんなにバカにされたんだ。

それは本当に大変だったわね。

もっとひどいのは、アホな先生が、もっとみんなが笑うように煽ったんだ。待ってろ、いつか見返してやる。

感情を認める

そう……。
友達だと思っていたのに。
味方だと思っていた友達に裏切られるって、本当に落ち込むよね。
あいつらなんてもうどうでもいい。誰にも話さない。
お母さんが手助けできることがないかしら？
大丈夫だよ、そんなにたいしたことじゃないよ。お母さんだけは笑わないでくれたね。

感情を認める

規則を厳しく守らせることは、ティーンエージャーに対して
十分に配慮していないことを表す

敬意と配慮をもって、ティーンエージャーに対応する

ティーンエージャーである彼の感情を無視している。
その上で機嫌をとるために彼の友人をけなしている

リーナにはもう我慢できない。人をこき下ろすのが好きなんだ。

人をバカにする人と一緒にいるのは難しいね。

そうなんだ、ときにはすごく親切で、数学を教えてくれたりするんだ。でもつぎの瞬間には、ぼくが数学にすごく弱いってほかの人に言う。いつやられるかわからない。

そうだね、そういう性格とつきあっていくのは大変だよね。

これから、ほかに数学を助けてくれる人を探してみるよ。

感情を認める

第Ⅲ部　私たちはどんな人間になるか

第20章　もとに戻る

どんな人も、かつてはこどもでした。私たちは今大人になって、こども時代が生活に幅広く影響を与えていることを理解しています。それはたしかに存在し、私たちはそのことを知っています。しかし、その美しさや奥深さ、その破壊的な性質については理解していません。

それを知るために、本書で取り上げたこどもたちが大人になったところを想像してみましょう。おそらくつぎのような様子が見られるのではないかと思います。

自分のおもちゃを奪った相手のこどもを「許しなさい」と大人から言われて、大人に裏切られたように感じたザックはどうなったでしょう？　彼は、大人がザックの感情に耳を傾けないことが習慣となったこども時代を過ごしました。彼は大人になったとき、自分が見捨てられたと感じることがあります。そして、「見捨てられたという感じ」がなかなか消えないことを、馬鹿げていると感じます。

モリーは、スーパーマーケットで、ビスケットの箱を大人から取り上げられて、泣くのをやめなさいと言われたとき、恐怖を感じました。モリーのように、大人が恐怖に耳を傾けてくれないことが習慣化したこども時代を過ごした人は、大人になって、孤独を感じることが多々あります。モリーは、みぞおちのあたりが空っぽな感じがするのを馬鹿げていると感じますが、どうしてそう感じるのかわかりません。

大人になったザックやモリーがこうした見捨てられた感情を他の人に話したとしたら、彼らは自分をとても馬鹿げていると感じるでしょう。彼らは、はたして体験を誇張したのでしょうか？　自分のまわりにいた大人を責めたかっただけなのでしょうか？

私は、同じような「ストーリー」を持つ多くの成人と話してきました。彼らは自分自身を理解すること、内面への旅を始めることを望んでいました。私たちは信頼関係を築いたあと、一緒に内面を探りました。その結果、どんな人も、受け入れられていると感じたい、内なるこどもにつながりたい、興味津々の「遊び」のエネルギーにつながりたいと切望していることを知りました。

また、目に見えない痛みが厚い層になって、私たちを遊びのエネルギーから切り離していることもわかりました。私たちの最も大きな痛みは自己否定です。それは自分を否定し無視することから来ています。もっと悪いのは、自分を叱りつけ、軽蔑することです。さらに、それ以上に悲しいことは、自分を否定していることにまったく気づいていない可能性があることです。

自己否定のいろいろな顔

ここで、ジェニー、ベン、リン・レンの三人の話を紹介します。三人は、自己内省を通じて、またはサポートグループでの自己内省を通じて、あるいは個人的なセラピーセッションによって、自分の自己否定に気づくことができ、大きく成長しました。

では、大人になったときの自己否定とはどういうものかを紹介しましょう。

大人のジェニーは、自分を「デブ」だと思い、二〇キロも体重超過だと考えています。彼女は自分の身体が嫌いで、鏡を見ることができません。やがて彼女は、こども時代に体験した上から見下すコミュニケーションを嫌っていることに気づきました。そして、その結果として、拒否されているという感情、そして自分に欠陥があるという感情があることに気づきました。

ジェニーはまた、自分の身体に対して高圧的な会話を習慣的にしていることにも気づきました。彼女は自分の身体を、絶え間なくとがめ、拒否していることを理解しました。同時に彼女は、自分の身体に対して「体重を落として、理想的に見えること」を期待していました。彼女は自分の身体に罰を与えたあと、身体が自分の要望に合わせることを期待しました。しかし、そんなことがどうやったら現実に起きるというのでしょうか？

今度は、大人になったベンを想像してください。彼はつねに約束の時間に遅れます。そしてそのことを嫌っています。彼は、自分を見下し、時間に遅れるとはなんてバカなやつだと自分を非難して、つぎの約束時間には「時間どおりに着く」気持ちを起こしているつもりです。しかし彼はその後も約束に遅れ続けています。

やがてベンもまた、自分が、こども時代に扱われたのと同じ方法で、自分に対して行動していることを理解しました。彼は偉ぶった会話が大嫌いでした。そして他の人にぜったいに同じことをしないと誓いました。

大人になったベンは、他の人たち、特にお客やちょっとした知り合いには、敬意を示した対応をしていました。しかし自分に対する扱い、独り言は、上から目線でした。彼は自分が満足した気持ちになるのを許すことができませんでした。それは彼を、「たるんだ怠け者」にするかもしれないからです。ベンはこどものときに聞くことを嫌ったレッテルそのものが、知らぬ間に彼自身のものになったことに気づいていませんでした。

三人のこどもの親であるリン・レンは、明らかに自分を否定します。「私は自分が育てられた方法を憎みました。それで自分がこどもを持ったら、違うやり方で育てると誓いました。でも、今、育てられたのと同じ方法でこどもを扱っています。そして、自分をつまらないやつ、このままじゃだめだと感じて、自分の行動を憎んでいますが、こどもをどう扱ったらいいかほかに方法がわかりません。私は自分を否定し続けていて、こどもに爆発するたびに、自分を精神的に罰します」

大人になった私たちが、自分を貶め、拒否していると、脳は常時不安になっています。そして身体のほうは、脅威に対する準備を整えるために、見境なく筋肉の緊張が起きています。

自分の中にある無音の雑音に気づく

恐怖を感じ筋肉の収縮が起きていると、何か起きるたびに自分の内側にあるさまざまな引き金が引かれる可能性があります。引き金は恐怖がもとになっており、意識されることなく雑音を出しています。

このとき私たちは、自分の内側の、ソフトでやさしくしかも凛とした声とのつながりを失っているかもしれません。しかしこの声こそ、自分が意図したことを言うことができる声なのです。また私たちは、不安と恐怖という雑音を通して相手の言葉を聞くために、相手が本当は何を言おうとしているのか、聞きとることにうとくなることもあるでしょう。

慢性的に自分を拒否しているこの状態から抜け出すためには、この無音の雑音を意識して、それを消す必要があります。その音は、「お前はそんな価値がない」「お前は不適格だ」「お前はできないやつだ」などと言っているでしょう。

この潜在意識の雑音は、身体のどこかが緊張している感じや、呼吸が浅い感じなどを手がかりにして見つけることができます。潜在意識のメッセージを聞きとるのは難しいかもしれませんが、身体の緊張や浅い呼吸を感じ取ることは可能でしょう。

もし呼吸が浅いと気づいたならば、意識的に、ゆっくりと深い呼吸をして、元に戻しましょう。呼吸が落ち着いて、長く心地よい呼吸になると、身体の硬さが消えていきます。

やがて雑音が消えていきます。すると、脳の、恐怖が基盤になっていた働きが弱まり、つぎのようなものにつながります。

内なる勇気と声

これにつながると、内面の混乱を、やさしく思いやりを持ち、しかも確固として認め受け入れることが可能になります。

私たちが本当に言いたいことを言葉にするのを手助けしてくれる、穏やかで柔和な情動や感情

これにつながると、相手が自分の話に耳を傾けてくれることを信じて、自分のニーズについて相手に掛け合うことができます。思い通りに聞いてもらえない場合でも、自信を失わずに、もう一度自分の「ニーズ」について、穏やかで、やさしい、しかも確固とした声で、言いなおすことができます。

他人に対する共感

これにつながると、まわりにいるザックやモリーに、「おもちゃを失うことはあなたにとって大きな出来事ね。もっと話してちょうだい、そのことをなんでも知りたいわ」と言うことができるでしょう。または、「あなたからビスケットの箱を取り上げてごめんなさい。すごく怖かったでしょうね……」と言うこともできるでしょう。

混乱をじっくり味わうことがすべて

時間をとって、記憶の声に耳をかたむけ、ゆったりと座って深い呼吸をすると、内面に湧き上がる情動・感情・感覚の混乱をじっくりと深く味わうことができます。すると混乱の波が私たちの中を通って、だんだん強くなって頂点に達し、それから空気が抜けるように弱々しくなって終わることがわかるでしょう。混乱は永遠には続きません。恐れることはありません。

またこの雑音は私たちについて多くのことを教えてくれます。ゆっくりと深く呼吸していると、雑音に反応したり自分に酷になったり自分を非難したりしないで、ただ雑音を聞いている状態になります。そうなったら、不安や恐怖に、興味を持って問いかけてみましょう。

たとえば、あなたは、自分がとても不安になっていることに気がついて、同時にパートナーの機嫌が悪いことに気がつきました。そのときあなたは、こんなふうにやさしく、自分の中の不安（雑音）に尋ねることができます。「本当に彼は機嫌が悪いのかしら？　それとも私が気づいていない何かがあるのかしら？」。やがて、雑音は徐々に影響力を失っていくでしょう。

リスペクト（敬意を払う）の定義

相手／対象物が、良い考え、あるいは性質を持っていると私たちが信じるとき、私たちが相手／対象物に対して示す、あるいは感じる、称賛の気持ち。

相手／対象物が、重要であると考えられるときに示される、礼儀正しさ、敬意、気遣い。

相手／対象物に、正しいもの、重要なものがあると感じて、それを変えようとか害そうとしてはならないという感情。

Dictionary.cambridge.org/dictionary/english/respect より

第21章　今も生きている記憶

私たちの脳では、二歳～二歳半ぐらいから記憶のファイルやフォルダーが作られはじめます。この年齢以前の出来事は、思い出すことができないのがふつうです（研究では、私たちの身体は子宮にいる時期に遡って出来事を覚えていることが示されていますが、これは本書が扱う範囲外です）。

記憶とは、情報や体験や人々などを覚えている能力といっていいと思います。一つひとつの記憶はたんなるストーリーではありません。それはたいへん複雑で、そこには、呼吸の速度、考え、イメージ、情動、感情、身体の感覚や、自己言及の信念など、たくさんのものが付随しています。

私は、ＥＭＤＲ（Eye Movement Desensitization and Reprocessing：眼球運動による脱感作と再処理法）療法の訓練を通して、「記憶」というものについて学びました。ＥＭＤＲ療法の基礎となっているものは、フランシーン・シャピロによって開発された、病因と変化という独特のモデルです。これはＡＩＰモデル（Adaptive Information Processing：順応的情報処理）と呼ばれており、最近の研究では、ＰＴＳＤの他に多岐にわたる精神障害の病因における記憶の重要性という点で支持されています。

ＡＩＰモデルは、記憶が原因となった症状で苦しんでいる方たちに、より早期の診断と効果的な治療が可能になる希望を与えるものです。

ここで、ＡＩＰモデルを「漁網」と「保管庫」という例えを使って、簡単に説明したいと思います。私たちは、毎日、数多くの体験をしますが、その体験は記憶となって漁網の中に集められます。これら記憶の中には、自分に関する健全な信念が付着しているもの（例：私は有能だ、私は安全だ、私は選択できる、私はそれに対応できる、私はベストを尽くした、など）と、反対に、自分に対する歪んだ信念が付着しているもの（例：私は悪い子だ（特に子どもによく見られる）、私は無能だ、私は死ぬだろう、私には力がない、私は自分を信じることができない、……すればよかった、私は十分に良くない、など）があります。

不健全でネガティブな信じ込みが付いている記憶は「開いた傷口」のようなもので、ここには自分の生存が保証されていない「恐怖」が含まれています。なぜなら、もし自分が、悪い子で、無能で、出来の悪い子どもだというなら、誰が自分を欲しいと思うでしょうか？

さて、昼間の経験の記憶はいったん、すべて漁網に入りますが、夜の間の深い眠り（レム睡眠）の間、自分についての健全な信念を持った記憶は保管庫に運ばれます。残りの、「傷口が開いている傷」をもつ記憶は、漁網の中に入ったままです。それは一生そのままに漁網の中にある可能性があります。

ここで問題になるのは、ふだんの生活の中で、入ってくる感覚データを解読するときに、この「傷口が開いた」まま漁網に入っている記憶のほうが、保管庫に入っている健全な信念を持つ記憶よりも、先にアクセスされることです。つまり私たちは、相互作用をするときに、主にこの「開いた傷口」を持つ記憶を通して、相手の言葉を解釈するのです。そしてそのために、お互いに相手の言葉を「歪んだ意味」で受け取ることが多々起こります。そして相手の言葉を「歪んだ意味」で受け取った人は、その人が元々持っていたネガティブな自己言及の信念を簡単に強めることになります。

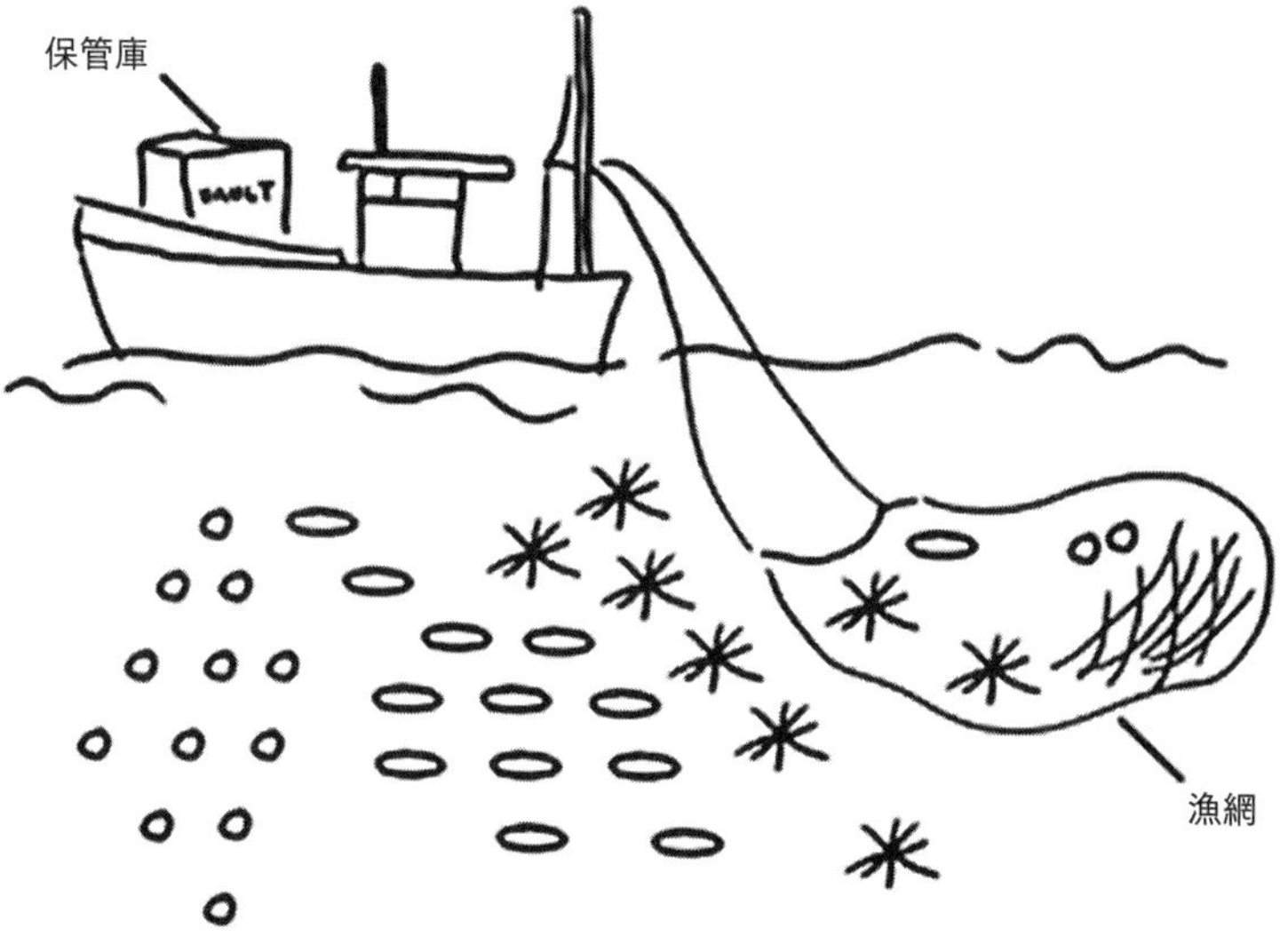

保管庫と漁網

その結果、この歪んだ解釈のために、サバイバルを確かにするための、自分を守る行動が起きるかもしれません。同時に、自分だけで生きなければならない空虚さや孤独感が、意識しないままに大きくなるでしょう。

その人の行動を外側で見ている人たちは、「良くない行動だ、社会に反抗するものだ」あるいは「従順すぎる」などと言うかもしれません。

こどものとき、ふだんの生活で、まわりの大人たちとのふれあいに思いやりが感じられず、話に耳を傾けて理解されていると感じず、その結果敬意を払われていると感じられなかったとしたら、私たちはどこか気持ちが落ち着かず、深いところでこんなふうに感じていたのではないでしょうか。「大人の基準に合わないと、捨てられるかもしれない、自分の存在は認めてもらえないんじゃないか」。

私たちの脳が未発達だった頃にこうした環境で育ったとしたら、私たちは、時の経過とともに自分に関してゆがんだ自己言及の信念を発達させているかもしれません。こどもの私たちは深いところで不安定さや不確かさを感じ、拒否されることを恐れ、もっと悪い場合には捨てられることを恐れていたでしょう。そしてその原因を、自分には何かが欠けていて、自分が悪いからだと感じていたでしょう。

つぎのような、大人とこどもの関わり方・会話の仕方は、こども（思考能力が十分に発達していない）に、ゆがんだ自己言及の信念をもたらします。

①何度も繰り返される、上から目線の会話・関わり（こどもはその中で、自分たちが大人たちに認められない、聞かれない、耳を傾けられていない、理解されていないと感じる）。

②何度も繰り返される、大人からの指示、説教、アドバイス、命令、指導（対照的な態度：こどもに内省

を促して導く）。

③何度も繰り返される、大人たちからの、非難、こき下ろし、拒否反応。

④何度も繰り返される、生産性と結果だけを重視し、努力を重視しない大人たちの態度。

⑤大人から、何をしてもいい自由を与えられる。ほしいものはなんでも与えられるが、しかし、大人はこどものために時間も使わず、そうする努力もしない（こうした大人との関わり方は、こどもに、自分は、大人が時間をかけるだけの、努力するだけの価値がない人間だと感じさせる）。

　ところで、私たちがこどもだったとき、まわりの大人は、どんな形にせよ、こどもを粗末にしようとは思っていなかったでしょう。おそらく大人たちは、彼らの関わり方がこどもにどれほど深い衝撃を与えたか、意識していなかったことでしょう。とりわけ、こどもの脳が大人と同様の方法で情報を処理することができないことには、気づいてもいなかったに違いありません。

　残念ながら、自分に関してネガティブな信念を含んでいるこども時代の記憶は、漁網に引っかかったまま、私たちが成長して大人になる間もずっとそのままになっています。

今も生きている記憶

ネガティブな自己言及の信念を含んでいる、「傷口が開いたままの傷」を持つ記憶は、これからも（一生かもしれません）漁網の中に在ることになるかもしれません。

　過去はきれいに処理されて保管庫にしまわれるべきですが、現実はそうではありません。過去は現在も生きているのです。

私たちは他の人と会話をするとき、過去の体験から、相手が言っていることを理解し、解釈し、道理を通します。相手はどういう意味で言っているのだろうか、言外にどんな微妙な意味があるのだろうか、などと考えています。

そのとき、残念なことに、自分についてのネガティブな信じ込みが付着した、未処理のまま漁網に引っかかっている記憶にアクセスするほうが、私たちの脳の奥にある保管庫にある記憶にアクセスするよりもずっと容易なのです。

ここで、処理されずに漁網に引っかかったままの、ネガティブな信念が付着している記憶が大きな問題になります。それは、大人の私たちが（まったく気づくことなく）、漁網に引っかかったままのネガティブな人生経験を通して、世界を理解し・解釈し・納得することが十分にあるからです。その結果私たちは、非常に間違った結論を導き出し、それに従って行動するかもしれません。

これはつまり、過去が過去にならず、現在も生きているということです。これが、自分に対する不安定さを増大させます。なぜなら自分についてゆがんだ考えを持っている潜在意識メッセージの雑音は、そのうちにだんだん強くなるからです。

はたして、記憶にこれほどの力が本当にあるものでしょうか？　記憶は私たちの人生をそれほど左右するものでしょうか？　私はこの問題に興味を持ち、回帰療法とＥＭＤＲ（眼球運動による脱感作と再処理）を学んでセラピーに取り入れました。ここでＥＭＤＲのことを少し説明しましょう。

ＥＭＤＲによる処理

それがわずかな動揺でも強いものであっても、動揺する出来事が頻繁に起きて、それを処理する手助けが得られないと、これらの記憶は脳の中に、その出来事の景色、音、匂い、味、思考、情動、感情、身体感覚、自己言及の信念と一緒にしまい込まれて、鍵がかかってしまうことがあります。

ＥＭＤＲ療法には、身体の左右両側への刺激によって、脳にしまい込まれた情報を活性化し、その記憶を適切な形で再処理する方法が含まれています。

この再処理によって、ゆがんだ自己言及の信念である記憶が脱感作されます。脱感作されるものには、記憶中に凍結されている思考や鮮明なイメージ、情動、嫌な不快な混乱、身体感覚も含まれます。そしてゆがんだ自己言及の信念である記憶が脱感作されて再処理されると、脳は、この脱感作され再処理された記憶に、長期記憶つまり安全な保管庫に入ることを許可します。

ネガティブな自己言及の信念の脱感作と再処理によって起きる変容を見るのは、たいへん興味深いものでした。脱感作と再処理によって記憶が解放されると、自分と他人に対する共感と思いやりが、ゆっくりと現れてくるのがわかります。身体は緊張態勢からリラックス状態へと移っていきます。

多くの記憶が処理されて、それらが脳内の安全で確かな長期保管庫に移されていけばいくほど、恐怖を抱えているネガティブなフィルターが解消しはじめます。自分自身に関するネガティブな自己言及の信念を運ぶ潜在意識メッセージもまた消えはじめます。脳は、「敬意の欠如を探して脅威を感じている状態」である警戒状態からリラックスします。

安全な保管庫に入っている記憶が多くなればなるほど、私たちは内面でより安心を感じるようになります。勇気や回復力とのつながりを取り戻し、以前は乗り越えるのが難しい問題だと見ていたことを新たな挑戦として捉えるようになります。

さらに、安心感が大きくなると外側も大きく変わります。たとえば、他の人から嫌なことをされても、それが、本物の無作法か自分が感じただけなのかには関係なく、過敏に感じなくなります。そして、「彼は私にわざと無作法なことをしている」と考える代わりに、「彼は、今日はおもしろくないことがあったようだ、それを他の人に八つ当たりしているらしい」と考えて対応することができるようになります。

第22章　リナの旅路　パート2――……私はこどもたちを最優先にしていると考えていた

リナは、自分がまわりの世界をあまり信頼できない原因をおおよそは理解していました（私たちは第2章でリナについて基本的な話を聞きました）。彼女は、自分が大人たちにどのように「育てられ・形成されたか」を深く理解していくにつれて自分のこどもたちに目を向けました。

すると、このような懸念が新たに出てきました。

「私は、自分の過去をこどもたちと繰り返しているのかしら？　長女は私が何を言っても、人目をはばからずに私に反抗するだけ。でも私は彼女を心配して言っているだけなのに！　年下の息子はだんまりを決めている。あの子は内側で私に反抗しているということ？」

「私は娘がとても心配で、ジレンマを感じている。私たちはときにツノを付き合わせる、特に学校がある日は。でも週末になると私はすごく努力して仲直りをして、いい友達になって一緒に出かける。これが埋め合わせになると思うのだけど……特に学校があるときに起きたことの埋め合わせには。そうじゃない？」

「でも、一貫性のないこの行動は、娘に良くない影響を与えないかしら？　私は、自分の行動が長期的には良くない結果をもたらすことを、無視しているのかしら？」

リナは、罪悪感と後悔と自責の念を感じた初期の段階で、自分の現在の内側の状態とそれに関連するこども時代の行動について、知って理解したいと思いました。それからゆっくりと、現在に焦点をあてて、今という瞬間を最大限生かすことができるようになりました。

彼女は、現在の状態を過去の体験のせいにする代わりに、これまでの生き方を認めて責任を取りたいと思いました。そうしたところ、これまでとは反対に、彼女は自分が支配をしていることを感じることができました。それまでの彼女は、人生の出来事が自分に起きると感じ、軽い憤慨と苦々しさを感じながら、他の人たちや自分を責めていたのです。

リナは客観的なものの見方をし、秩序を重んじ、計画性がありました。彼女は自分の行動パターンの「リストを作成」し、自分の中にある行動の源をたどる決心をしました。

自分自身についてのリナの洞察

リナはたいへん勇敢でした。「プレイ（遊び）」のエネルギーでこどもたちとコミュニケーションすることと、「恐怖」のエネルギーでコミュニケーションをすることの違いがわかったあとは、熱心に、興味と冒険心という「遊び」のエネルギーを取り入れようとしました。

洞察①　こどもたちを自分の信念や道徳観に同意させることができないと、不安になる。

自分をよく理解するために、リナは夫に頼んで、家でのこどもたちと自分の会話を、彼女が気づかないように録音してもらいました。これにはスマートフォンが役に立ちました。夫はかなり懸念しながらも彼女の頼みを引き受けました。

その結果、意外な事実が明らかになりました。リナの声の調子は、自分が想像していたものとはまったく違っていました。自分が話しているのを聞き、聞いたものを内省して、彼女はつぎのようなことを学びました。

彼女はふだんの口調で、「ふつうの、リラックスした」状態で、会話を始めていました。しかし、録音を聞いていくうちに、こどもたちが意見を言うときには、真剣に耳を傾けようとしていませんでした。事実、こどもたちの提案をしばしば無視していました。そして最終的にこどもたちはリナの望みに同意していました。リナは、自分がほしいものを手に入れて、ほっとしていました。そして、こどもたちが妥協したことを、つぎのように誤解していました。こどもたちもまた、彼らが望むもの——もっとテレビを見たい、アイパッドで遊ぶ時間がほしい——を手に入れたのだと。

こどもたちと話し合った問題はつぎのようなものでした。

・こどもたちは寝室を、リナがしてほしいように整理整頓する。
・甘い飲み物をあまり飲みすぎない。
・もっと勉強時間を長くして、オンラインゲームの時間を短くする。
・自発的に家族や親戚のことを考えて、一緒に時間を過ごそうとする。
・楽器の練習にもっと時間をかける。
・家でグータラしている時間を短くする。

やがてリナは、こどもたちが、みずからが同意したことをしっかりと守っていないことに気がつきました。心配になった彼女は、こどもとそのことを話し合いたいと思いました。そこで彼らと「協議」をしてみると、こどもたちが「話し合い」に対して無関心な行動をとることに気がつきました。リナは、「どうでもいい」というこどもを育てていたのでしょうか？

洞察② 内面の混乱と不安が高まるほど、言葉と声の調子が大きく、荒く、硬くなる。

リナは、自分が苛立ち、不機嫌になり、激昂するのを抑えることが難しいことに気づきました。ときには、こどもたちが無関心に見えると、怒りを抑えられませんでした。

洞察③ 内面の乱れと不安が高まるほど、外面がしつこく頑固になる。

彼女は、自分の主張をこどもたちに繰り返していました。自分を観察すると、繰り返すごとに言葉がイライラしたものになり、耳障りで、無作法になり、要求がどんどんきつくなって、寛容さを失っていきました。こうして、「話し合い」はときに、こどもたちとすでに同意していた特権をリナが取り上げることで終わりました。たとえば一週間アイパッドを禁止する、といったことです。

この一連の流れを見たとき、何が馬鹿げているかといえば、アイパッドを取り上げることによって、リナが主導権を握っているように見えたことです。それが本当ならリナは満足してよかったはずですが、しかし彼女は不愉快で、気持ちが悪く、自暴自棄になるのを感じました。気持ちよいとも、自分が主導権を握っているとも感じるどころか、こどもたちから「支配されている」ように感じました。

リナ、アニルになる

リナは懸命に自分を理解しようとしました。そして、自分をこどもの一人として想像することに決めて、そのこどもをアニルと呼ぶことにしました（リナLinaのスペルを反対から読むとアニルAnilになります）。リナのような母親と会話をするとき、アニルの中では何が起きるでしょう、どんなふうに感じるでしょう？　おそらく最初は楽しいかもしれません。しかしながら、あとになると会話がどの方向に向かうかわからない危険がありました。

アニルは、リナという大人を可能なかぎり研究しようとしました。そうすれば、リナとの会話がどう進むかわかり、自分が方向を支配している感じがするでしょう。しかし支配しているというこの感覚でさえ、自分がどういう負け方をするかを支配できるだけのことです。どちらにしても、アニルは最後には負けを感じることになるのです。より少なく負けるか、より多く負けるか、それだけのことです。

上から下へという一方通行のやりとりは、話をしてもそこに喜びはありませんでした。大人は上で、アニルは下にいました。

彼は、テレビやアイパッドゲームの時間を長くしたくて、勉強や仕事をすることに進んで賛成はしたものの、大人から無理強いされた勉強や仕事を完成させることはありませんでした。テレビやゲーム時間が延長された喜びは思ったほど大きくはありませんでした。

アニルは自分自身を大事にしなければと感じました。自分の意見を口に出すことに満足感はありませんでした。自分の話に耳を傾けてもらえなかったのに、どうして話そうとする必要があるでしょう……。

彼は、来るものを淡々と受け入れながら、他の人の行動習慣を「学ぼう」と思いました。そうすれば、その場に応じた会話ができました。こうすると、彼は自分を守ることができて、負けも少なくすることができました。

洞察から得たこと

リナは、自分とこどもたちのどちらも「話し合い」を楽しんでいなかったのだということを知りました。こどものアイパッドを取り上げたことでリナは心地よくなったはずでした。しかし彼女は不愉快で嫌な感じがして、その上自暴自棄の気持ちになっただけでした。リナは、自分の不安を増大させているのは自分なのだと理解しました。

彼女の恐怖とは、こどもたちが大人になったとき、だらしない生活を送り、糖分の取りすぎで不健康になり、コンピュータゲーム中毒で、人に思いやりがなく、自分のことしか考えず、まわりに興味がなく、自分で生活できない人間にならないかというものでした。

彼女は目の前の状況を大きく膨らませ、それで将来を描いていました。しかし恐怖が染め上げた将来の風景は、不安を大きくするだけでした。彼女はそのことを、竜巻きみたいに、「回って、回って、回り続け」て、一回転ごとに急速に発達すると言いました。

洞察④　過去の体験が現在に影響を与えていただけではない。それは恐ろしい未来図を描き、その恐怖が現在の瞬間に影響を与えていた。

恐怖が、彼女の声の調子、言葉、身ぶり、彼女自身を支配しました。彼女はどこにいたのでしょうか？　彼女が言うには、「恐怖が私の人生の運転席に座っていました。私は後部座席にいて、どうしようもなかった」。リナは小さな可能性でしかなかったこどもの将来図を、自分にとって一〇〇パーセントの現実にしてしまったのです。

洞察⑤　恐怖に身をまかせると、恐怖はさらに恐ろしい可能性をリナに描いて見せた。

それはリナをさらに不安におとしいれました。恐怖が大きければ大きいほど、（リナの心の目から見ると）自分が小さくなり、身体が緊張して、呼吸が浅くなりました。

リナは、この「小さい」感覚について、はっきりと理解し、自分と関連づけることができました。そしてこう言いました。「時々私は、自分を母親として足りないと感じる。こどもたちに自分が望むようにさせられないとき、そして私が願っているような成功した人生をこどもたちが送ることができないのではないかと恐れるとき、自分が落伍者だと感じる。そして自分を失敗者と見ることを考えただけで、とても怖くなる。内心で縮み上がる。それからこんな考えが浮かぶ……他の人から落伍者と見られると考えるのは何倍も怖い！　そして頭が真っ白になります」

洞察⑥　リナは、自分がこどものことを考え、彼らを大事にしていると考えていた。しかしそうではなく、自分が大切なだけで、こどもたちが大切なのではなかった。それは全部リナの恐怖だった。

自分、そして状況をはっきりと理解する瞬間

リナは自分の心の奥を精査した結果、つぎのように私に話してくれました。

「こどもたちが、私が彼らに示した愛情や思いやりを感じないのは当然だと思う。娘が、私たちのために『パフォーマンスする』のはもう嫌だと言うのは当然ね。娘はいつも、自分は競走馬みたいだ、

家族に成功と賞賛をもたらすためにだけ手入れされていると言ってるわ。そう言うのもあたりまえね」

「娘は実際、自分ではなく現実の競走馬に投資をしてくれと言ったわ。私はそのとき、親に対してなんてひどいことを言うのだろう、私たちにまったく敬意を払わないと思っていた。あのときは、彼女の言葉の意味がわからなかった。でも今はわかる。あのとき私は、娘の人生を思って与えたのに、彼女がなに一つ感謝していないと考えていたけども」

「純粋な愛情からこどもを思いやる代わりに、私は恐怖のなすがままになっていた。私はいったい誰なのでしょうね。今のところ、自分は恐怖の塊だったと思います」

「もっと大事なのは、どうしたら私は、健全な気持ちからこどもたちと会話ができるか、ということ。つまり、こどもたちが、私から認められ、耳を傾けられ、理解され、敬意を払われていると感じる、そういう場を作りたい」

大人がこどもと関わるとき、手段や戦術がどんなものであっても、基盤に恐怖がある方法（こどもをやりこめる、罪悪感を使う、恥を利用する、笑いものにする、批判する、非難する）を使うと、こどもの脳は脅威モードになります。こどもたちが大人といて安全だと感じないので、潜在意識で闘争／逃走に備えるのです。

私たち大人は、このような手段や戦術を、こどもたちを「道徳的に正しい」「善良な」人間に育てようとして使ってきたのかもしれません。しかしそんな環境では良い結果が出ることは望めません。

脳が闘争／逃走モードになっているとき、脳のエネルギーの大部分は、自己防衛に、そして危険から距離を置くことに使われます。危険から遠ざかろうとして、あらゆる不健全な行動が現れます。こどもたちの行動は、大人が、恐怖からくる彼らの行動を変えようとして、無意識に吹き込んでしまった「恐怖」（閉じて締め付ける恐怖エネルギーは、生命エネルギーを絞り取ります）そのものを表し、拡大して見せます。

この状態のとき、こどもには、目の前の状況をもたらした自分の行動を内省するエネルギーは残っていません。また、その状況を作った責任をとることも、起きたことを説明するエネルギーもないでしょう。

これでは、こどもが心から謝って、回復力（レジリエンス）を持って行動できるとは望むべくもありません。彼らには、大人が望む「人間」になるために努力するエネルギーは残っていません。大人が言葉をかけても、彼らは役に立つ言葉の一つも理解していません。

恐怖の力を知ったリナは、こどもたちと関わるときに、目に見えない、身体を疲弊させる恐怖のエネルギーを使うのをやめたいと思いました。両者負けの状況だったことも理解しました。また、不安と恐怖から会話をすると、さらに大きな恐怖を受け取ることにも気づきました。それは彼女にとってたんなる言葉や知識ではありませんでした。彼女は「恐怖に生きる」そのものになっていました。

それでは、彼女はどうすればよかったのでしょうか？　他の人、特にこどもたちとのような関わり方をしたらよかったでしょうか？　こどもたちに敬意を払うとは、こどもたちが望むことをなんでも許すことだったしょうか？　彼女の義務とは、たんにこどもたちに食事を与えて、安全を守ることだったでしょうか？　リナは、それはあまりに甘い態度だと思いました。彼女の母親としての役割はなんだったでしょう？　その役割はどこからどこまででしょう？

つぎに紹介するイラストには、リナが発見した、こどもたちと会話をするときに感じるさまざまなジレンマが描かれています。それには謝ること、助けを求めること、おもちゃの取合いを解決することも含まれています（そうして別のやり方ですることとも）。

自分の行動に関して、こどもを責めている

無言の対応

自分に責任がある態度をとる

第23章　リナの旅路　パート3――変化

リナの中に、気づきと共感と思いやりが育つにつれて、彼女は、こどもたちの脳が受け入れられているると感じるためには、「こどもたちが受け入れられていることを体験して、自分が「ありのままで十分いい子だ」と感じることができる情動的環境が必要である」という概念を理解しました。

受け入れられているという環境は、こどもが外側で聞くメッセージとサブリミナル・メッセージ（潜在意識が聞くメッセージ）が同じであるときに現れます。そういう雰囲気の中では、こどもの内面世界は人間誰もが引きつけられる方向――健全な価値観とウェルビーイング――に従います。

受容する雰囲気を作るとは、支配しなければならないという気持ちを手放すことです。リナはどうやって支配する気持ちを手放すことができたのでしょうか？　もしも、こどもたちが母親から道徳や明確な指示を与えられないで、羽目を外してバカなことをしたら、リナはどうしたらいいでしょう？受容的な情動環境を作るのに必要な技術（第Ⅱ部で述べました）は、最初考えたときには、それほど難しくないように思われました。

しかしリナはすぐにこの環境を作ることがそれほど単純ではないとわかりました。なぜなら、彼女の脳は、とくにこどもと会話をするときに支配モードになるのに慣れていたからです。

変わるためには、こどもとの会話から取り込んだものと、それに対する自分の反応をつねに意識する必要がありました。

リナは、こどもたちには共感と思いやりが必要であることは同意できました。しかし、こどもたちにいろいろなことを決めさせるのは、とても危険を感じました。こどもに敬意を払うことは、彼女が暮らしている文化にはありませんでした。彼女が知っている格言や宗教はこどもが大人に敬意を払うことを勧めていました。この点ではまったく逆でした。

しかしながら、リナはどこかで、自分が、こどもに敬意を払う模範を示せば、こどもに、大人に敬意を払いなさいと教える必要がないことをわかっていました。彼らは、自然にそれを身につけるでしょう。

そうとはいえ、リナは疑っていました。大人がこどもに敬意を払う関わり方に、そういう効果があるという証拠はあるでしょうか？　こどもは結局怠け者になって、傲慢になって、周囲の大人に威張るようになるのではないでしょうか。

調査からわかったこと

リナからの当然すぎる質問に対して、同僚たちと私が、こどもや大人を対象に行った何千時間というセラピーから知ったことをお話しします。

私たちは、私たちのところにやってきた大勢のこどもたちとセラピーを行いました。こどもたちは、

こどもにレッテルを貼って、非難する

こどもに選択肢を与える

目の前のことに集中する

まわりの大人たちが無意識に、彼らに、完璧だ、申し分ない、才能がある、悪い、役立たずだ、無礼だ、わがままだ、感謝がない、一貫性がない等々と思わせた結果、セラピーに来ることになったのです。

私たちのところに連れてこられたこどもたちの中には、過剰なまでに相手をよろこばせようとするこどもや、自分の行動に過剰に注意深くて、目新しいことに挑戦するのを怖がるこどもがいました。また他のこどもをいじめて傷つけて痛い目に遭わせるこどもや、「人生なんかどうでもいい」という態度を取るこどももいました。身体がかゆい、身体のどこかが痛い、便秘、おねしょ、などサイコ・ソマティックな問題を持つこどももいました。医師は検査をしても問題がないので困っていました。

私たちは、プレイセラピーを使ってこどもたちとセラピーワークを行いました。プレイセラピーのワークは、こどもに社会規範や道徳的価値観を教えません。また行動を指示しません。その代わり、受容と安全な場を作ることに最大限の努力をします。こどもたちは私たちとのセッションで、もともと備わっている、屈託のない、解放的な、遊びのエネルギーにつながり続けます。

そうしているうちに、こどもたちが十分にくつろぐにしたがって、激しい行動が消えていき、すべての人間が持つ自然な傾向――健全な価値観とウェルビーイングに引きつけられる――が起こります。「不適切」行動は、改善する前に悪化することがあるものの、やがては改善します。時間がたつと、「どうでもいい」態度や、「完璧主義的」態度や心身症状は、軽くなっていきます。こどもたちは、徐々に、自分が敬意を払われ、価値を認められていると感じるようになり、それと同時に、自然に自分自身に敬意を払い、自分を大切にするようになります。それに呼応して、外側の行動も変化します。

彼らの行動の変化を観察した結果、こどもたちの脳の「脅威」に対する警戒レベルはつぎのような段階で変化していました。

きわめて危険／危険／つながりがなくなることに対する高度の警戒／つながりを欲する健全な用心深さ。

最終段階における内面状態は、「敬意を払われている、大事にされている、受け入れられている、相互作用をしているグループの一員だという、一体感」を体験しています。

大人に起きる変化

大人も、変化する点ではこどもと似ています。私たちの脳は、受容、敬意、共感、思いやりを、一貫してふだんの生活で感知すると、「リラックス」し、身体もリラックスします。このリラックスした空間では、私たちはつぎのものを手にしています。

- 内省し、可能な選択肢を理解する能力（対照：急いで決める、決定することが難しい）。
- 可能な選択肢の中から決定する能力（対照：「私には選択肢がなかった」と言う）。
- 決定したことに対して責任を取る能力。
- 決定したことの結末／結果に対して説明責任を持つ能力（対照：自分や他の人のせいにする）。

結果が思ったようでなかった場合は、つぎのようにできます。

- 「大丈夫でない／適切でない／満足しない」結果が出たときに、自分を小さく感じる、動揺する、傷つく、苦痛を感じる、ことは自然なことだと認める（「自分がちっぽけだ」という感じは、すべての人に共通しています。自分が決めた結果が「満足できない」結果になったことを知った瞬間には誰でも内側で小さくなります）。

・決定した結果について内省する。
・他の人が関わっていて、決定したことの結果によって傷ついていれば、その人に謝る。
・その体験から学ぶ。
・回復できる（対照：再び自分を小さく感じたり敗北感を体験するのを恐れて、そのような活動を避ける）。

「受容的環境」がもたらすもの

リナは、すばらしいことがたくさん起きる「敬意で満たされた」安全な環境をどうやって作ったらいいか、一抹の不安を抱いていました。

答えはいたって明快です。「敬意で満たされた」安全な環境を作るためには、他人にこの貴重なものを与えることを考える前に、自分自身に敬意を払うのです。第Ⅱ部で実際に練習したように、会話の相手に敬意を払う前に、自分に対して敬意を払います。

自分に敬意を払う作業では、自分自身の最高の友になろう、最大限に自分自身を支援しようとします。自分自身と作業をしたいと考えます。自分に敬意を払うときに内面で起きることに気づけば気づくほど、快適さや安全を感じるようになるでしょう。そしてこれが起きるためには自分自身を理解しなければなりません。それでは、まず、私たちの呼吸を観察することからはじめましょう。

呼吸

呼吸はじつに多くのことを教えてくれます。闘争／逃走反応が始まると、ゆっくりした深い腹式呼吸から浅くて速い胸呼吸になるスイッチが入ります。闘争／逃走反応の引き金が日常的に引かれている状態では、無意識に、つねに、浅い胸呼吸が続いている可能性があります。悪いことに、この浅い呼吸は、たとえ現実にストレスを感じる状態ではなくとも、脳に「防衛・厳重警戒」の合図を出している可能性があります。

「脳－身体」が脅威モードになっていると、その結果ますます不安やストレスが高まり、身体は緊張して硬くなります。内側では情動・感情・感覚の混乱があります。その上、この混乱にさえ気づかないかもしれません。そうなると、私たちはこの根っこにある緊張状態から日常生活を操っています。そして、合理的に考える思考脳の力を使うことができなくなればなるほど、ますますまわりの物事に対してたんに反応する傾向が強くなります。

この状態は、外側では、話し方が、震える、高い調子、早口、速い、厳しい、ぎこちない、耳障り、といったものとなって現れます。反対に長い沈黙として表現されることもあるでしょう。この沈黙はしかし、内面の調和が取れている「心地よい沈黙」ではありません。表面は静かでも、内側は弓の弦のように張りつめています。

そんなとき、内面の状態を知らないで、感情的な調子の声だけを聞いた人は、その人が自分に怒っている、不機嫌だ、失望している、動揺している、当惑している、イライラしている、腹を立てている、激怒している、などと解釈するかもしれません。これではコミュニケーションの始まりからボタンのかけ違いが起きています。

これを元の状態に戻すには、意識的に、呼吸を深く一定のペースに戻すことに集中します。そうす

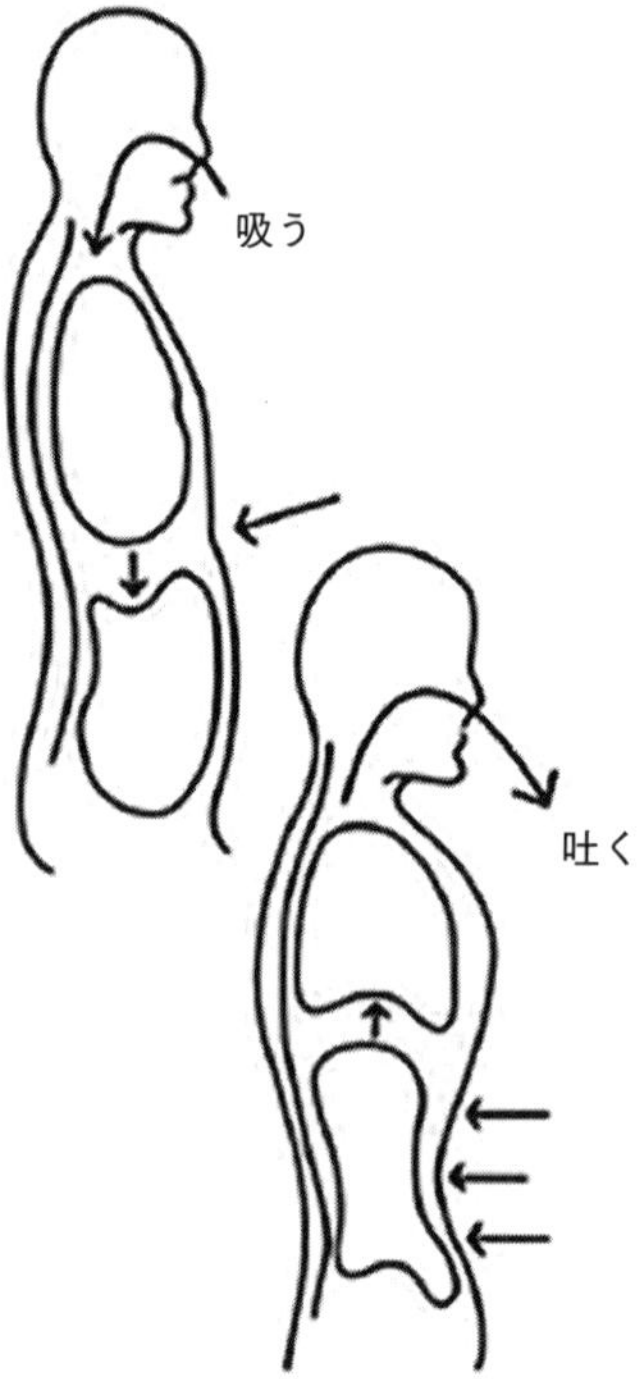

腹式呼吸

れば、闘争／逃走反応によって起きた脳の生化学的・心理的状態も戻ります。

これが横隔膜呼吸、あるいは腹式呼吸と呼ばれるものです。腹式呼吸の学習には時間がかかりますが、それだけの価値があります。腹式呼吸をしながら、同時に過剰な緊張状態でいることはできません。


自分の思考と情動に気づいてそれらの意味を理解すれば、他人の心（マインド）に合わせることがもっとうまくできるようになる。

――神経生物学者　ダニエル・シーゲル

自分の信念（信じこみ）にご用心

もう一つ、ポジティブな変化をつまずかせるものがあります。それは、私たちの内面にある、自己言及の信念といわれるものです。一つの例をあげましょう。今、私はすごく疲れていて、眠ろうとしています。しかし、気持ちよく眠りに落ちる代わりに、頭の後ろから、「眠ったら、弱虫だ」という小さい声が聞こえます。これが自己言及の信念というものです。

このような場合には、「眠るのは弱虫がすることだ」という潜在意識のメッセージがどのようにして自分に入ったのか、内面を探るといいでしょう。どんな思考と情動がそれに付着しているでしょう？　それはどこから来たのでしょう？　もしかしたらあなたの生育過程で聞いたのかもしれません。それはいまも役立っているでしょうか？　ほかにも、「泣くのは弱いやつだけ」といった自己言及の信念が自分の中にありませんか？　あなたのこどもたちはその信念から影響を受けていませんか？

時々立ち止まって、第21章の保管庫と漁網のたとえを思い出しましょう。「安全な」記憶がどんなに注意深く保管庫にしまわれているか、また「安全でない」記憶が漁網という一時的置き場の中で漂うままになっているかを思い出してください。

私たちの脳は、保管庫にある「安全な」記憶よりも、漁網の「安全でない」記憶のほうに素早くアクセスします。ですから、自分の思考や意見や自己言及の信念がどこから来たのか、注意深く見なければなりません。それは漁網からでしょうか、それとも保管庫からでしょうか？「眠るのは弱虫だ」があるのはどちらですか？

自己言及の信念を解きほぐす旅は、たくさんの笑いと涙にあふれています。そして、その自己言及の信念や行動がもう自分の役に立たないとわかったときには、私たちはそれらを手放して変化させる力を持っています。

リナの例のように、時間をかけて自分の内面を見つめる努力をすれば、自分とのつながりが強くなります。そうして自分とのつながりが良くなると、ほかの人たち、特に自分のまわりにいるこどもたちをずっとよく理解できるようになります。

自己言及の信念が働いている

第24章　声のトーンが意味するもの

私たちの脳は、コミュニケーションをしているときにどんなに小さなニュアンスも記録し、神経回路を通して情動脳の深くにある貯蔵庫にメッセージを運びます。こどものときに記録されたニュアンスは、成長に伴って強くなっていく神経回路がどういうものになるかを決定するのに深く関わり、こどもが大人になったときの世界観の枠組みを作ります。

声のトーンは、こども時代のやりとりではとくに重要です。それは脳の進化過程で、言葉よりもずっと以前に音を解釈することを学んだからです。このことは、脳が、言葉で表現される情動を感知する前に、声のトーン中の情動を検出できることを意味しています。こどもはとてもシンプルに考え、体験を通して世界を意味づけます。その意味で、声のトーンは、彼らが会話を解釈するときに非常に大きな影響を与えるのです。

第21章の漁網と保管庫のたとえを思い出してください。私たちがこどもだったとき、無礼な行動を表していた声のニュアンスは、大人になって同じような声のトーンを聞いたときに引き金になるかもしれません。

　ここで、このことを具体的に知っていただくため、ビノッド、アレックス、サンドラという三人の大人に登場してもらいます。

ビノッド――怒れる口《くち》

　ビノッドという五〇代半ばの男性を想像してください。妻のジェニファーが今、「夕食のテーブルに着いてください」と彼を呼んでいます。彼が返事をしなかったので、彼女は少し大きな声で、もう一度彼を呼びました。それでも返事がないので、彼女はもう一度呼びました。突然ビノッドが大声をあげました。「なぜ君はそんなに怒鳴る必要があるんだ？　ぼくが今作業をしているのが見えないのか！」

　ジェニファーは、夫がどうしてそんなに怒ったのか理解できません。彼女は心を込めて美味しい夕食を作って、食事が冷たくならないうちにみんなで食卓を囲みたかっただけです。ビノッド自身、温かい食事が好きですし、家族と食卓を囲むのを楽しみにしています。

　ビノッドは、自分の口が無意識に「怒り」の性質を帯びるのを何度も繰り返し体験したあとで、ようやく自分の身体を観察しはじめました。そして自分の中で何が起きているか理解したいと思いました。その結果自分が、イライラや動揺や怒りを含んだ誰かの声を聞くと、たちまち心臓がドキドキすることに気がつきました。首の後ろの髪が逆立ち、口が乾いて、手のひらにチクチクする感覚がありました。

　最悪だったのは、チクチクする感覚が頭に上がってきて、不明瞭にしかものが聴こえなくなったことでした。相手の声のトーンが不快で大きければ大きいほど、相手が何を言っているのかわからなくなりました。霧が深くかかった脳で聞いているような感じでした。相手が何を言っているのか、はっきりと理解することができませんでした。

徐々に、彼は、自分が無力感に包まれて、何かを求めている相手にしっかりと反応できなくなることに気がつきました。ぼんやりした状態で、自分をとても小さく感じました。まるで八歳のこどもに戻って、お父さんとお母さんの前で震えて立っているような感じでした。

彼が自分のこども時代を探ってみると、父親がいささか厳しくて冷淡だったとわかりました。お父さんは時々、ビノッドと話をするときに癇癪を起こして怒りました。そのときお母さんは、お父さんに何も言わず、助けてくれませんでした。

ビノッドは、自分がこどものとき、自分の考えを言う機会が滅多になかったと感じました。何か間違いをしたときも、彼の考えを聞いてもらったことはほとんどありませんでした。そしてたいていの場合、自分がどんな悪いことをしたのかさえ理解することができませんでした。そうした中で、厳しく、「根性をたたき直せ」と言われました。

こうした環境で育ったビノッドは、できるだけ音を立てないようにすることと、いわゆる従順になることを学びました。しかし大人になって家を離れたあとは、あんなひどい経験はもう絶対にしたくないと思いました。自分が無力で、ちっぽけで、バカで、アホだと感じた、あのときを再び体験しないと決心しました。

大人になった彼は、自分が怒りを爆発させたのを見てわけがわかりませんでした。こども時代はずっと前に過ぎ去ったはずです。しかし彼は、じれったさ、苛立たしさ、怒りなどが混じった声のトーンを聞くと、相手の言葉がぼんやりとしか聴こえなくなり、自分を小さく、バカのように感じて、彼に話しかけた人に大声を出してしまうのでした。そのために多くのよい友を失いました。

こども時代の刻印はビノッドを強い力でつかんではなしませんでした。彼の話では、それは勝ち目のない状況でした。こどものとき、両親や先生たちが大声を出したり怒ったりすると、自分が彼らを憎んだり恐れることに深い罪悪感を感じたと言います。

今、彼はこどもではなく、自分を主張することができる立場になりました。しかしわかったのは、自分がこども時代から憎み恐れていた、大声を出して怒る大人になったことでした。ビノッドは、大人になった今、「威厳をもって」応じることができない自分に嫌気がさしていました。その上、年齢を重ねるに従って、怒りの爆発の間隔が短くなっていることもわかりました。

彼はすでに、何年間も、自分の口を制御しようとさまざまな方法を試しました。それは成功するときもあり、役に立たないときもありました。自分の口を制御しようとする真剣な努力が失敗すると、とても嫌な気持ちになり、自分に失望しました。彼は、自分がしばしば怒りにまかせて言ったことを覚えていないこと、また気持ちがとても不安定で孤独を感じていることも理解しました。怒りから起きた出来事が、大好きな人たちを彼から遠ざける結果になっていました。

ビノッドは勇気を出して自分の行動を詳しく観察し、自分自身を率直に正直に見つめました。その結果、自分の脳と身体が他人の声のトーンに非常に敏感で、ほんの少し敬意が欠けていても感知することがわかりました。

彼はこどものときに、完全に無視され、話に耳を傾けてもらえず、信用されてもいないと感じていました。さらに、大人との相互作用で、繰り返し、横柄で反抗的なこどもだと見られました。彼はそういう自分を、敬意を払われる価値がないと感じました。大人になったビノッドは、自分は必ず「敬意を払われなければならない」と決めました。少しでも「侮辱を感じさせる」ようなことが起きると、彼の口が彼を「乗っ取って」、大きな声と怒りが吹き出てきました。

ここに紹介したのは本当のことではないと思いますか？　想像上の人物であるビノッドが体験したことは、現実に起きることではないと思いますか？　脳は、会話中のどんなに小さなニュアンスも記録して、素早く音やトーンの中の情動を感知するのです。

こどもたちはこうした記憶を蓄えます。そして、大人からの「敬意を欠いた」行動を、たんに他の選択肢がないという理由で我慢します。彼らは大人に依存して生きているからです。こうして思春期に達すると彼らの脳が再起動しはじめ、敬意や共感や思いやりを受け取っていないことを意識的に理解するようになります。そして、大人からの、「おなじみの無礼な行動」を、以前のようには許容しなくなります。

アレックス——批判される恐怖

ここでもう一人、アレックスという熟年男性を想像してみましょう。彼の妻のメイリンがこう話してくれました。「アレックスが、昨晩、夕食のテーブルセッティングをしてくれたとき、彼に、スプーンとフォークの位置が違うと言ったら、彼は黙ってしまったの。彼は訂正されることに過敏でね、かなりあとになってから爆発することもあるわ。私があまりに批判的だと言って」

アレックスはビノッドと同様に自分の行動パターンを観察する勇気を持っていました。彼は、自分の流儀を批判されると思うと黙ってしまうことに気づきました。そのとき彼は、批判を受け入れて、何も言いませんでした。しかしあとになって怒りを爆発させるときには、手りゅう弾が爆発したようでした。ただし彼は、手りゅう弾にある安全装置を持っていませんでした。彼の手りゅう弾は些細なことでも爆発するのです。

アレックスはさらに内省を進めて、自分がたくさんの批判を受けて育ったことに気づきました。彼の両親も先生たちも、彼の成績を他の生徒と比較して批判したものでした。彼らはそれがアレックスのためになると思っていたのです。たしかに、彼らの声の非難のトーンは、アレックスの成績を良くするのに役立ちました。彼は名門大学を出て現在は多国籍企業に勤務し、誰もがうらやむ仕事をしています。

今アレックスは、自分がこどものときにどれほど努力したかを理解しました。こどもの彼は、批判的なトーンを聞かなくていいならどんなことでもしようとしたものでした。あの声の調子は、彼は決して大人たちを満足させられないだろうとほのめかすものでした。彼はさらに、大人になった自分の脳が、些細な批判にも、ちょっと軽く見られることにも、過剰に敏感だということを発見しました。

彼は、単純な言葉でも批判されている感じがしました。ちょっとした非難でも、自分が十分ではないと言われていると解釈しました。そして批判と聞こえることが増えると、あるいは増える可能性があると、突如として言葉の手りゅう弾を爆発させました。

サンドラ――「直す」解決法に対する嫌悪

三人目に登場してもらう人物はサンドラです。彼女は弁護士で三〇代半ば、パートナーのジェイソンと暮らしています。彼女が彼に、職場で板挟みになっていることや気まずい状況について話すと、彼はいつも、問題の状態を「直す」のを手助けしようとして、どうしたらいいかを提案します。サンドラはこれを聞くと、たちまち怒りが湧きます。ジェイソンはどうして彼女がそういう態度をとるのか理解できません。

サンドラも時間をかけて自分の行動を観察しました。すると、ジェイソンの声にいらだちとあせりを聞きとったことがわかりました。ジェイソンの声のトーンを聞くと、自分に問題があるので「直し」が必要だとでも言われていると感じ、彼から無視され、払いのけられていると感じるのです。

こうしたとき、彼女の頭はぼんやりとして、情報をきちんと処理できなくなりました。小学三年生に戻ったかのように感じました。先生が目の前に山のようにそびえていて、クラスの全員が見ている前で、彼女に、どうしてまだ質問の答えがわからないのかと大声でせまっていました。

サンドラはさらに内省を続けました。すると、学校で彼女が体験した屈辱に対して、両親が、ほとんどの場合、話を割り引きし、軽視し、無視したことがわかりました。そして親たちから出てきたのは、もっとけんめいに勉強しなさい、先生の言うことを聞きなさい、強くなりなさいという言葉でした。

自分の意見を自由に話そうとするたびに、彼女は、両親からも先生からもいらついた調子の話し方をされました。やがて彼女は、自分に欠けたところがあるために、注意を払い話に耳を傾けてもらう価値がないのだと感じるようになりました。彼女の脳は敬意の欠如にとても過敏になりました。同時に、聴いてもらえない・理解されないという恐怖が膨れ上がりました。

大人になったサンドラは、自分の話がしっかりと耳を傾けられること、そしてきちんと理解されることを確実にすることを、意識的にまた無意識でも決心しました。そのために、少しでも軽視され無視されると、敬意を払われない事態から自分を守るために、怒りをエスカレートさせるのでした。

私はこれまで、ビノッドやアレックス、サンドラたちに似ていると思われる多くのクライアントに会ってきました。彼らの脳は、他人の声のトーンに含まれるネガティブな情動にたいへん過敏になっていました。

どんな人でも、内面を深く探ってみれば、敬意を欠いていると感じられる特定のやりとりの形が自分にもあることに気づくでしょう。敬意を払われていないと感じるとき、私たちは大声を出すかもしれませんし、沈黙するかもしれません。

そんなときは内省して、怒りの「爆発」や「沈黙」の根っこにある原因を探ってみましょう。そうすれば、自分の中にある引き金の存在に気づくことができると思います。そうして、これからは異なる行動をしようと決心しましょう。一貫してその行動を取ることができるようになれば、「トーンに対する過敏さ」につながっているこども時代の神経回路が次第に遠くなっていき、代わりに脳は新たな強い連結を作ることでしょう。これを脳の神経可《か》塑《そ》性《せい》といいます。

声の調子は大きな違いを作る

自分が聞きたい声の調子の模範になる。受け入れる声の調子で話す

第25章　怒り――私の中に火山がある？

私は、情動とは何かを理解しようとしていた何年間か、よく怒りにはどんな目的があるのかと考えたものです。日常生活からもわかるとおり、怒りは価値のないもので、怒りが溢れ出ると、人との間に距離を作ります。はたして怒りには他の面があるでしょうか？

ある金曜日でした。とても暑い日で、私は怒りの問題を抱えているリー・イェンと怒りについて話していました。そのとき彼女はこんな話をしてくれました。「私は、強がって（虚勢）いるときは敵を作る。でも勇気があるときは、自分の弱さをシェアするのが怖くない。自分自身に正直になるわ」。私にとって目からウロコの瞬間でした。

「勇気」と「虚勢（強がり）」は怒りの両面なのでしょうか？　勇気は自信のある性格が持っている性質で、怖がりませんし、簡単に怖がらせることもできません。用心深いと同時に他の人を思いやります。これに対して虚勢は、大胆な反抗を自慢し、偽りの勇気を見せます。

このことから私は、怒りのエネルギーは、私たちに、大きさと力を与えることに気がつきました。

私たちは怒りのエネルギーを勇気として使うこともできますし、虚勢をはるのに使うこともできます。勇気は私たちに内面的な大きさを与え、虚勢は外面的な大きさを与えます。

「勇気」としての怒り

こんな風景を想像してみてください。ショッピングモールにいた私たち大人は、一人の大人がこどもに大声をあげるのを目撃しました。私たちの中には怒りがこみ上げてくるのを感じる人がいるでしょう。その場をなんとかしようとする人もいるかもしれません。この時点で、私たちが選択する道は強がる道と勇気の道があるはずです。

こどもに大声を出している人に向かって、こどもを守るために、大声で荒々しく引き止めることもできます。しかしそうする私たちは、こどもに大声を出している人と変わらないことになります。これは強がりだと言えます。このやり方は、怒りのエネルギーを建設的な方法で使っていることにはなりません。なぜなら、その大人とこどもが彼らの個人的な場に戻ったときに、私たちの「介入」がこどもにとって事態を悪化させるかもしれないからです。

代わりに、怒りのエネルギーを勇気にすることも可能です。それは、勇気を出してその状況に入っていき、こどもと同じく辛いときを過ごしている大人に、深い思いやりを持って話しかけることです。この方法を使えば、こどもにとって異なる結果を作ることが可能かもしれません。怒っている大人がこどもに思いやりを感じて、こどもに謝るかもしれません。なんと気持ちがよい結果でしょうか！

私たちはまた、勇気を出す面を使って、生活に変化をもたらすこともできます。あるクライアントからこんなことを聞きました。「私は夫と言い合いをすると、心を閉じて引きこもる傾向があるんです。最近言い合いをしたときは、そういう自分に腹が立ちました。だってそれは精神的に逃げることですから。こどもの頃の行動パターンに戻った自分に怒りを覚えましたよ。でも今回はその怒りのエネルギーを、自分にモチベーションを与えるために使いました。自分を勇気づけて、オープンな態度を保って、夫の言葉に耳を傾ける努力をしたのです。そうして本当によかったと思います。なぜなら今回は夫の言葉がまったく異なって聞こえたから」

私が怒りの二つの面である虚勢と勇気を区別することができるまで、何年間もかかりました。たしかに二つは簡単に混同されます。

「虚勢」としての怒り

私たち大人はほとんどの場合、怒りを虚勢と捉え、またそう感じます。この怒りは、脳が拒否、あるいは拒否されるリスクを探知して、闘争／逃走のサバイバルモードに入ったときに生じるものです。この種の怒りは火山の噴火のようなもので、たいていは警告なしに起こります。熱い溶岩が流れ出し、まわりのものすべてに火傷と傷を負わせます。この怒りの爆発で最も（情動的に）深い傷を負うのは、当人の近くにいる人たちです。

一組の若い夫婦、ローハンとグレイスが、金曜日の夜に、二人のこどもたちと一緒に過ごしている場面を想像してください。彼らは週末の過ごし方について話し合っています。グレイスはローハンに、こどもたちを車であちこちに送るのを手伝ってほしいと思っています。一方でローハンは、自分はオフィスで一週間働いたんだから、少し休みが必要だと考えています。

ローハンもグレイスも、内心では、自分のために使いたいと思っていた時間を失うと感じています。

焦燥、欲求不満、いらだたしさが二人の中に蓄積していきます。しかしどちらも、このとき、期待していた時間を失う落胆の深さに気づいていないでしょう。

ローハンとグレイスは、少しでも自由時間を捻出しようとして、こどもたちと同じ活動に参加しているほかの家族とこどもたちの送迎を協力しあえるかどうかを話しはじめました。会話が進むにしたがって、二人とも少しぶっきらぼうになってきました。

グレイスが敬意に欠けた声の調子で話したのでしょうか？　突如として空気が変わりました。ローハンの情動脳が、グレイスの言葉の中になんらかの無作法、無愛想、あるいは皮肉を感じとったのです。

一瞬の間もなく、ローハンの中に深く根付いている記憶、つまり「欠如」を示す自己言及の信念を含んでいる記憶のメカニズムが活性化されます。その結果、ローハンの闘争／逃走のメカニズムが超スピードで支配権を握り、思考脳を無視して押さえつけてしまいました。

その瞬間に、合理的思考がローハンから失われました。視野も聴力も狭窄《きょうさく》し、それらの焦点は、自分の「欠如」から自分を守るために向けられます。もはや思考脳へのアクセスは失われ、物事を俯瞰することも、自分の行為の結果を考えることもできません。

ローハンの内部の怒りは、火山が最も大きな爆発を起こすときのように噴出します。蒸気、噴煙、マグマが放たれて、グレイスは彼の攻撃によって（情動的に）傷つきます。この爆発はローハンにとっても衝撃でしょう。彼はこれほど大量の怒りを自分の中にうっ積させていたことを知りませんでした。

扁桃体に乗っ取られる

この時点で、ローハンは扁桃体《へんとうたい》に乗っ取られています。攻撃反応は瞬時であり、圧倒的で、現実に起きた刺激とは比較にならないほど巨大です。いったい彼に何が起きたのでしょうか？

拒絶または見捨てられることを非常に恐れた、情動脳の中にある扁桃体が、文字どおり思考脳をハイジャックしたのです。扁桃体は脳にある二つのアーモンドの形をした部分で、情動、特に恐怖が根にある情動の記憶テンプレートを保管しています。

この「恐怖反応のメカニズム」は、こどもが小さいときに、ふだんの生活の中で、敬意の欠如または支配を暗示する大人との関わりを体験することによって、扁桃体の中で形成されます。

こうしたこどもたちが大人になると、「敬意の欠如を示す」どんなに小さな兆候も見逃しません。まなざしや、声の調子、唇が少しゆがんだ、などのちょっとした無礼な行動でも、脳が、これらをただちに、受容の欠如、あるいは、拒絶される／見捨てられる脅威として解釈するでしょう。

ここに紹介した例では、ローハンの扁桃体が、外からの情報と刺激を、情動脳の深部にある「恐怖反応メカニズム」の一つと合致させました。それが、最初は温和に見えた会話の中で、深刻な闘争／逃走反応の引き金をひいたのです。

もちろん情動脳の仕事は、拒絶される脅威、または拒絶のリスク、受容の欠如を検出することです。情動脳は、そういった攻撃から私たちを守ることに成功して、数千年もの間、人間が生き延びて進化することを可能にしてきたのです。

しかしながら、扁桃体が乗っ取るに至っては、情動脳が過敏になりすぎました。悪いことに、過剰な過敏性は時間の経過とともに高まる傾向を持っていて、中年期、そしてそれ以降に怒りの噴火がしばしば起きることになります。

思考脳が無視されている間、扁桃体は結果を考えずに行動します。なぜならこの脳の部分は、判断や思考や評価には関係していないからです。情動脳には「時」も意味がありません。過去も将来も、今の瞬間と同じになります。命が危険にさらされると銃が火を吹くというわけです。情動脳は結果に関心を持たないのです。

ローハンの情動脳‐身体が、今強く脅かされました。その瞬間に、危険を寄せ付けないために、大声で荒々しい声の調子でものを言い、手足を強く動かす行動が起こります。情動脳は、サバイバルを確実にするために、思考脳の中の、危険を打ち負かす「ファイルやフォルダー」にある弾丸を何でも使います。そしてそれは、荒々しい言葉、告発、批判、非難、こき下ろし、などになってあらわれます。危機に立ち向かうときの人間の身体は、人との「つながり」は後回しです。

私たちは本当に考えているのでしょうか？　それともこれは、サバイバルのための反射的反応でしょうか？　このときのローハンは、グレイスに何を言ったかをはっきりと覚えてはいないでしょう。生き延びることが優先するときには、他の人とのつながりは二番目です。

ここには二重の不幸があります。それは扁桃体が乗っ取られている間、ローハンは、自分の情動脳が思考脳を乗っ取ったことを知らない可能性があることです。これはハイジャックが意識できないほど非常に速いスピードで起きるためです。

ローハンの情動脳がハイジャックされたあと、情動脳が静まって後退するまでには二〇分から三〇分かかります。その後、思考脳が戻ってくることを許されて、起きたことに筋を通そうとするでしょう。彼の思考脳（ハイジャックされたことを知らない）は、言い訳や自己防衛、鎮静化をはかることもあるでしょう。あるいは、起きたことを正当化して、グレイスのせいだと責めるかもしれません。彼はこんなふうに考えます。「これは彼女が引き起こしたに違いない。彼女はぼくの弱点を知っていて、ぼくに当てこすりを言うのが好きだ。彼女は自分のことと週末の自分の時間のことしか考えていない」

　ローハンは、自分の深いところで情動・感情・感覚が混乱していること、また意識にのぼらない自己言及の信念を持っていることを理解しているでしょうか？　おそらく否でしょう。彼はまた、この混乱が、解きほぐされ・理解され・受け入れられないと、怒りにつながることを知っているでしょうか？　いいえ、それも知らないでしょう。それでローハンはこんなふうにグレイスに怒鳴ってしまうかもしれません。「グレイス、どうして君はぼくをこんなに怒らせるんだ？」

　ローハンは、深いところでは、怒りを爆発させる自分を憎んでさえいるかもしれません。彼は自分を、そんなことを言ったりしたりできる「卑劣な」種類の人間だと考えたことは一度もありません。

　ところで読者のみなさん、私たちは怒りの過程を学ぼうとしているだけで、怒りや情動の爆発を正当化しようとするわけではありません。怒りの爆発は「適切な行動」ではありません。怒りのエネルギーが虚勢として使われると、どんな場合も、情動的にも身体的にも人を傷つけます。

　しかしながら、その強がりがどこから来るかを理解すれば、この防衛態勢を体験している本人に手をさしのべて、その人が自分を理解するのを手助けできます。

　こどもやティーンエージャーでもこうした大きな怒りの噴出が起こることがあります。特にティーンエージャーはすでに「恐怖反応メカニズム」を形成しており、敬意を欠いている兆候がどんなに些細なものでも非常に敏感に反応します。

　先に述べたように、思考脳が再び使えるようになるまでには、扁桃体がハイジャックされてから二〇分から三〇分かかります。ですから「爆発した」ばかりのティーンエージャーや大人に対して、この間は「道理をわきまえた話」を脇においておくのが賢明でしょう。

怒りの噴火を体験している大人やティーンエージャー（ときにはもっと下の年齢のこどもでも）は、自己防衛する過程で、彼らが親しくしたいと熱望している、まさにその人たちを遠ざけてしまいます。まことに皮肉としかいいようがありません。

怒りのエネルギー

情動を理解しようとしていた間、私は頻繁に、怒りのエネルギーについて理解しようとしました。受容されない恐怖が、意識されないで体験されると、人の身体の中で、感覚や情動や思考の大きな混乱が起こります。私たちはこれを、身体の中の緊張として体験します。

もし当人が内面の情動と感情と感覚の混乱をじっくりと味わって、それを「受け入れる」ことができなければ、身体の緊張が続きます。身体の緊張が大きいほど、自分を小さく感じ呼吸が浅くなります。情動・感情・感覚の混乱を整理するための助けはどこからも来ないので、恐怖は脳の中で加速度的に大きくなります。脳はこの過程を止めることができないかもしれません。その結果、怒りのエネルギーを、勇気へではなく虚勢の道へとすばやく導く可能性があります。

ローハンのような大人は、第一に、虚勢をはるようになったことを他人のせいにすることに躍起になるでしょう。そしてこんなことを言うでしょう。「グレイスがぼくを怒らせている。彼女がぼくをすごくちっぽけに感じるようにした」

こどもやティーンエージャーは、どうして空いばりする状態になったかを、大人よりも明確に説明できます。たとえば彼らはこう私に言いました。私はとても小さく感じた／私はすごく裏切られたと感じた／私は深い暗い井戸の底の落とし穴にはまったと感じた／私は地下牢の中にいる罪人のように

思考脳と情動脳

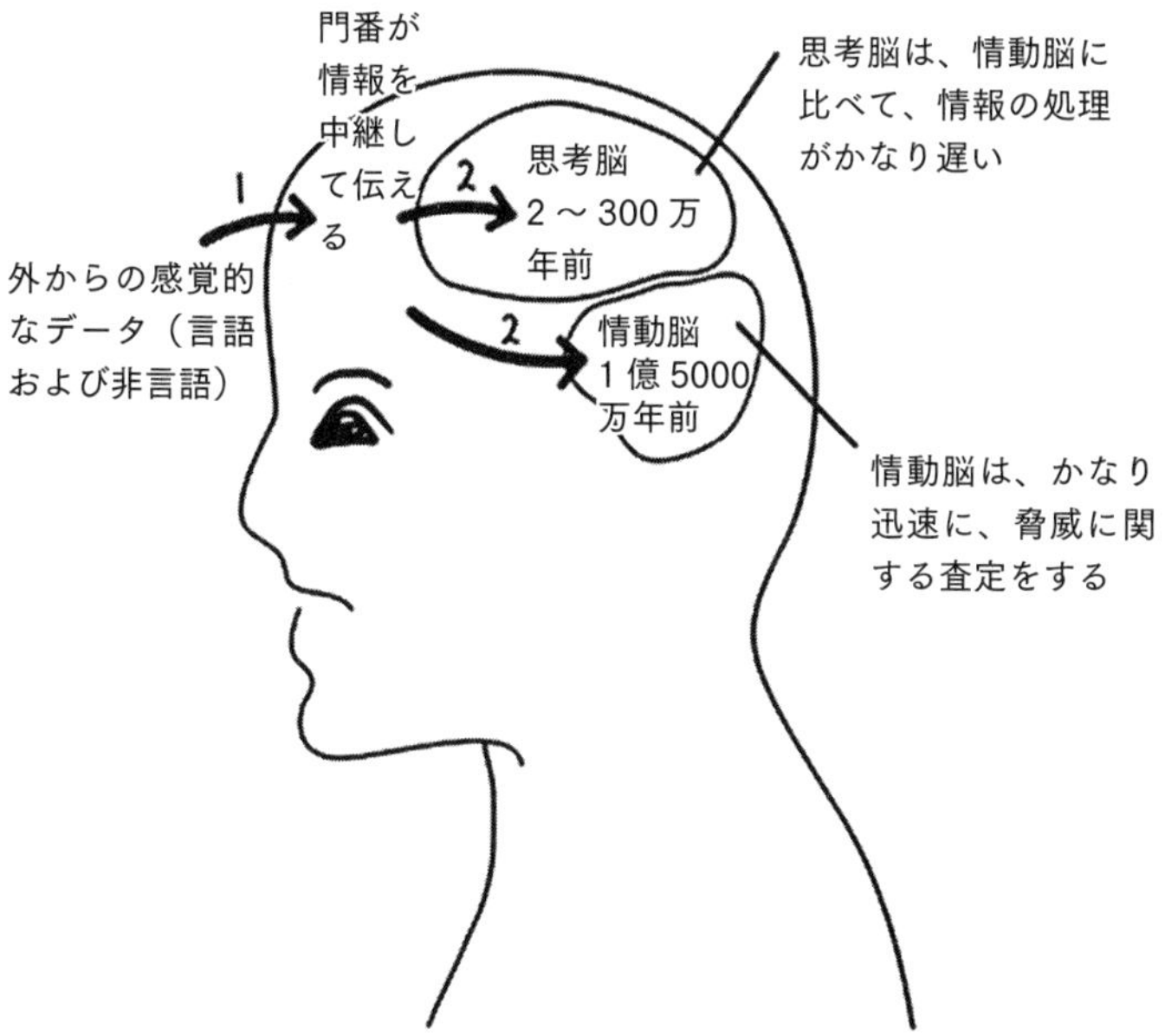
門番が
情報を
中継し
て伝え
る
思考脳は、情動脳に
比べて、情報の処理
がかなり遅い
1
2
思考脳
2～300万
年前
外からの感覚的
なデータ（言語
および非言語）
2
情動脳
1億5000
万年前
情動脳は、かなり
迅速に、脅威に関
する査定をする

情動脳が乗っ取る

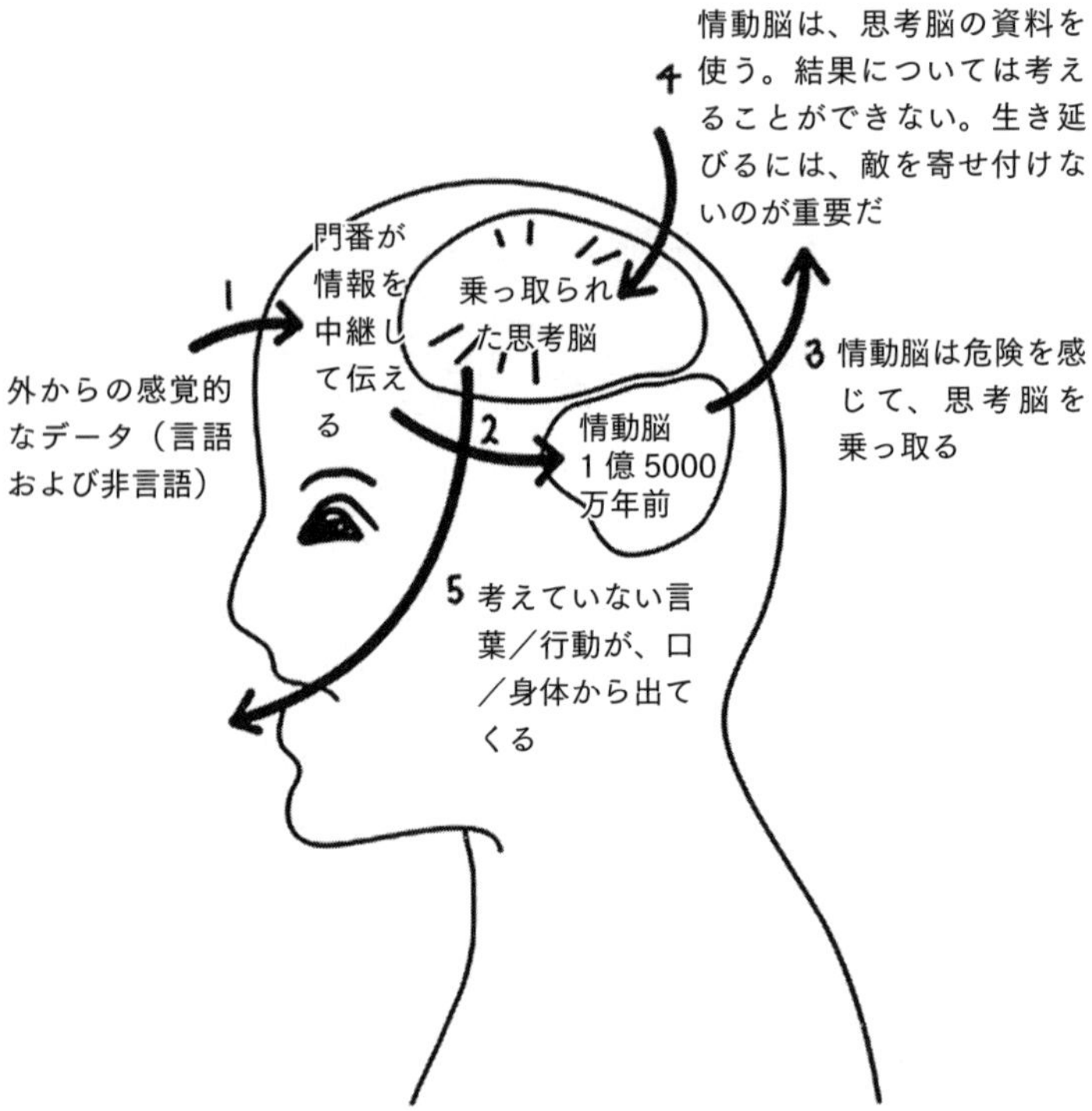
1
外からの感覚的なデータ（言語および非言語）
門番が情報を中継して伝える
2
情動脳
1億5000万年前
3 情動脳は危険を感じて、思考脳を乗っ取る
4 情動脳は、思考脳の資料を使う。結果については考えることができない。生き延びるには、敵を寄せ付けないのが重要だ
乗っ取られた思考脳
5 考えていない言葉／行動が、口／身体から出てくる

感じた。だから大声を出したんだ、殴りかかったんだ。ほかに何ができたっていうの？

他の人の怒りの爆発に対処する

私たちは火山の爆発を経験している当人かもしれません。爆発をこうむる側かもしれません。もしも爆発される側になったなら、どのように自分の面倒をみたらいいでしょう。大人、あるいはティーンエージャー、こどもから、理屈に合わない怒りを向けられたとき、私たちの内面がどういう状態になるか意識してみましょう。

そういうとき、私たちの中には、怒り、無力感、無防備な傷つきやすさがわき上がるでしょう。人によっては、自分の情動や感情を見分けることに慣れていない人がいるかもしれません。しかし、そうした情動や感情についてくる身体の感覚や違和感ならわかると思います。たとえば、身体のどこかが緊張して硬くなるとか、呼吸が浅くなるなどです。

このとき、自分の中にある混乱に意識を集中しながら、浅くなった呼吸を正常に戻すと、情動・感情・感覚の混乱が消えていくでしょう。

そのあとで、相手は何かの恐怖を感じて怒っているのだということを思い出すことができれば、私たちの恐怖は消えるでしょう。そして相手に起きていることを考えることができるでしょう。相手の中でそれほどの混乱を作っているものは何か？　それほど大きな反応を引き起こすものは何なのか？を考えることができるでしょう。

相手の恐怖を理解することができれば、私たちは相手の言葉の攻撃から「一歩距離を置く」ことが容易になります。さらに、大きな声やひどい言葉を、個人攻撃だと受け止めなくてもよくなります。

そのとき私たちは、こうたずねることができるでしょう。

「どうしたの？」

「何から（この状態が）来ているの？　理解させてくれる？」

「何かがすごくあなたを動転させているのね……」

「何が起きているの……理解したいんだ」

「私はあなたが〇〇と言ったと思うのだけど、間違えたかもしれない。そうだったら教えて」

「あなたを手助けしたいんだけど、私にできることがある？」


大人がこのように応じることによって、とくにこどもたちにそう応じることで、彼らは徐々に、内面の混乱や当惑を、溶岩としてではなく、蒸気という形で小出しにすることを学びます。

ではこのやりとりにおける私たち大人はどうでしょう？　自分の情動や感覚を観察し、深い呼吸をすることで、また、勇気を出して、相手を真摯に理解しようとして質問を続けることで、やりとりの激烈さを和らげることができるでしょう。

私たち大人は自分の怒りのエネルギーを勇気として使います。相手が怒るのを見て恐いと感じたとき、私たちの中に湧いてきた怒りは、勇気の道を選びました。怒っている相手に模範を示すことで、彼らにそうあってほしいという姿を見せたのです。

こどもやティーンエージャー（または大人の中のこども）は、自分の中で情動や感覚の混乱が起きているとき、それに対する健全な行動の見本を見せられた経験がなければ、どうしたらいいのか、わかりません。

私たち自身も、そういう見本を親たちから見せられていません。ですから、難しい作業ではありま

火山の爆発

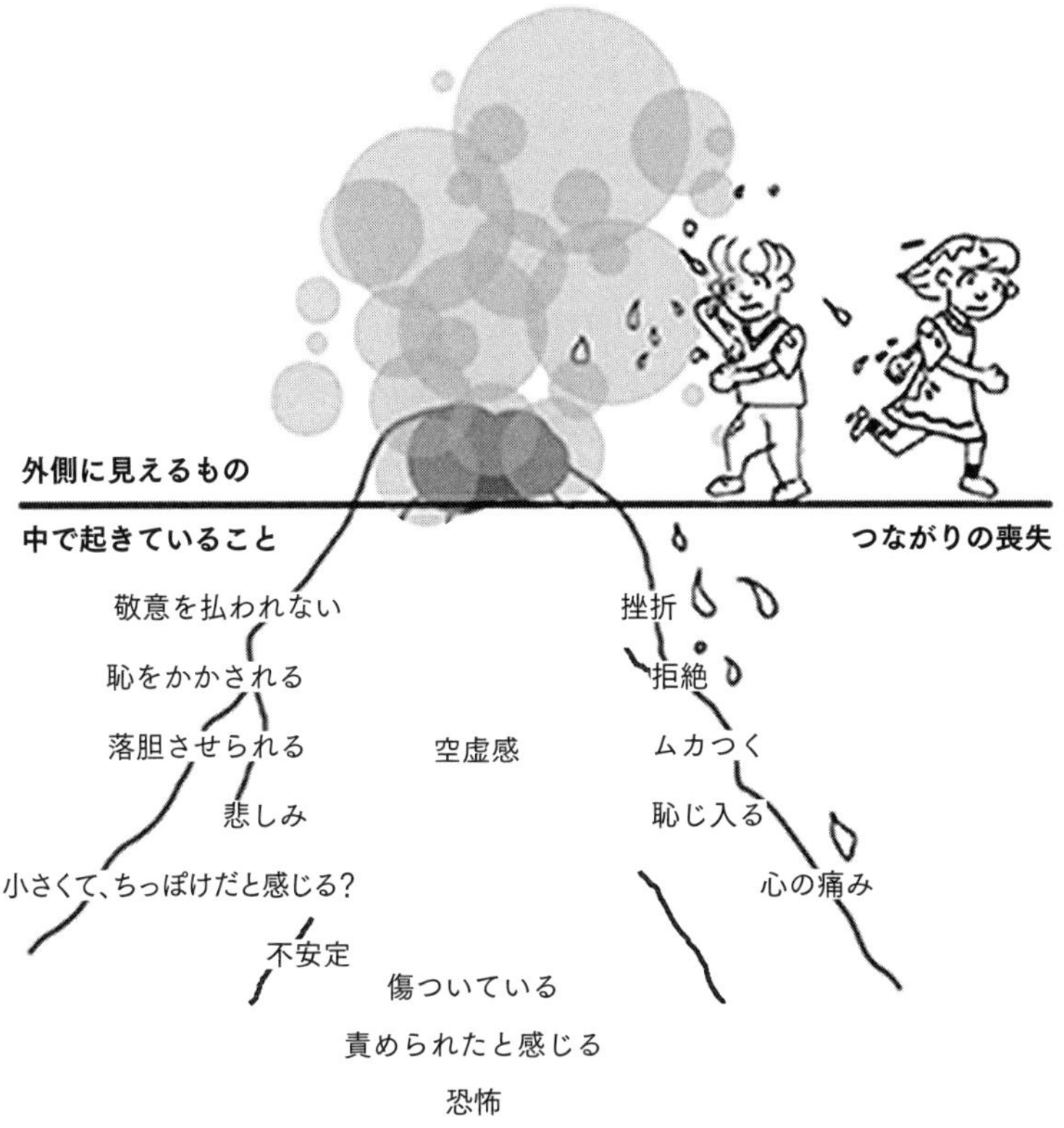

「噴煙や溶岩となって表にあらわれている怒り」をぶちまけている人の内側にある混乱。当人は、自分の内側の混乱を意識しているかもしれないし、していないかもしれない。

すが、私たちは健全な行動をして、こどもたちに見せるしかありません。そうすれば、こどもたちは、自分の中に起きる混乱状態を恐れたり拒否したりしなくてもいいと学びます。

このようなことが繰り返し起きると、こどもたちは、私たちに近づくときに、脳も内面も警戒態勢をとらなくなります。なぜなら、私たち大人が、彼らの状態に応答することはあっても、反応（リアクション）しないことがわかるからです。私たちは、ただ彼らのためにその場にいるだけです。そして、私たちが手本となることによって、彼らもまた、（そのうちに）私たちのためにその場にいることができるようになるでしょう。

小さなこどもが怒りを爆発させているときに、彼らを落ち着かせるには言葉だけでは十分ではありません。怒りを生む生化学的プロセスが身体にエネルギーを作るので、そのエネルギーを、身体を使って消す必要があります。それにはつぎのような言葉をかけてみましょう。

「妹をぶつのは良くないわ。その代わりにこのまくらを叩いてごらん」

「弟をつねるのは良くないね。その代わりにこの弾むボールをぎゅっと握りしめてごらん」

「ドアを蹴るのは良くないことよ。代わりに階段を上ったり降りたりしてごらん」

「悪態をつくのは良くない。代わりに、チンプンカンプンな言葉を大声で叫んでごらん」（それが許される場所ならば、舌を通して生化学的なものを放出させることができる）

「ここで叫ぶのは良くないわ。その代わり、息を吐くときに、それと一緒に吐いてごらん」

「爪を噛まないで、代わりにこのおしゃぶりを噛んでごらん」

私たち自身の怒りの火山

大人が、定期的に、あるいはしばしば爆発する火山を抱えているとしたらどうでしょう？　爆発という行動は愛している人たちを傷つけ、相手に恐怖を吹き込みます。その後に流れる溶岩（言葉のトーンや表現）は人を突き刺す力を持っていて、自分が親しくしたいと望んでいる、まさにその相手を遠ざけてしまいます。

それと同時に、爆発したとき、私たちは自分を傷つけ、自分を落胆させています。なぜなら、爆発してすっきりした後には、罪悪感、恥、無力感、情けなさが内面に広がるからです。これを簡単な言葉でいうと、「爆発が起きたとき、私は自分を大切にしていなかった（自分に対するリスペクトを欠いた）」ということです。こうした爆発が繰り返されることで、私たちは徐々に、自分に嫌気がさし、自分を恐れ、自分を憎むことにさえなるかもしれません。

自分の内面を見つめて、火山の爆発を起こす引き金や恐怖反応の仕組みを理解することは重要です。また、他人に責任を「なすりつけ」ずに、自分の中の引き金の存在を認めることも良いことです。

まわりの人たちは、火山の中で何が起きているのか、つぎの爆発はいつだろうかと思いながら、私たちのまわりをつま先立ちで歩いているかもしれません。自分を火山の犠牲者、あるいは自分の中にある火山のサバイバーにするとき、実は自分を一番ひどく傷つけているのです。火山が言いたいことに耳を傾けるなら、火山は私たちについてたくさんのことを話してくれるでしょう。そうして、たいていは怒りの火山の下に埋められていた、とてもやさしく恥ずかしがり屋の自分を見つけるでしょう。それはまわりの世界にも自分自身にも失われていたやさしい人物に違いありません。

私たちは、この世に、「遊び（プレイ）」のエネルギーを持って生まれたんだ。

第26章 「遊び（プレイ）」という、こどものようなエネルギー

大部分の大人は、若いときから遊びよりも仕事に気持ちを集中するように訓練されています。たんに「おもしろいから」する努力は、どんな努力でも軽薄なもの、無駄なものと考えられています。どんなことでも、達成したこと（努力）が評価されるものは、有意義で有益なものと見なされます。このために私たちは、こどものときから、最後の成果に注目することを学習します。

この結果、私たち大人は、目標や締め切りを守ることにすべてのエネルギーを集中しているといっていいでしょう。私たちは遊ぶことを忘れ、楽しむことを忘れ、体験そのものや自分がしている過程をたんに楽しむことを忘れています。

あるプロジェクトを完全なものに仕上げようと集中するとき、私たちは、何か欠けていないか、完全なものにするには何を改良したらいいかを探しはじめます。そのとき、高い目標を達成しようとして自分に与えているストレスがどれほどのものか、気づいてもいないかもしれません。そのプロジェクトを味わっている体験は、さらされているストレスの下に沈んでしまって、感じられるのはプロジ

ェクトが終わったときの大きな解放感だけなのではないでしょうか。

遊びのエネルギーに投資する

目を閉じて、自分が持っている、すべての責任、心配、懸念、期待を手放すことを自分に「許可」して、遊びというこどものような無邪気なエネルギーにつながることを自分に「許可」すると、身体や呼吸のどんなことに気づくでしょう?

人によってはこれが難しいかもしれません。その場合は、こどもたちが遊んでいる様子を観察してみましょう。きっと遊びに熱中するのはどういう感覚か思い出すことができるでしょう。また代わりに、自分の心に巨大なスイッチがあると想像して、「遊ぶのを許可する」と言いながら、そのスイッチを入れるのを想像するのもいいでしょう。

こどものように何にでも興味を持つ、遊びのエネルギーにつながるのを自分に許すと、胸部が広がり、呼吸がより深くなるのがわかるでしょう。また自分が笑顔になっているのに気がつくかもしれません。このエネルギーは、開放的で、拡大し、興味津々で、探索好きで、学びたいと願い、疑問を持ち、限りない可能性を探ります。すべてを包みこむので、ペンが飛行機に、傘になり、のし棒や、犬や猫にもなります。

そこには制約がありません。制限しませんし、評価もしません。ただ試してみる楽しさがあるだけです。鉛筆を犬と呼ぶことまでは想像しがたいとしても、アイスキャンデーにはなるでしょう。そこには評価する余地はありません。なんでも受け入れられます。もし鉛筆をのし棒と呼ぶことができたら、それを歯ブラシと呼ぶこともできるでしょう。ここには受容があります。

この屈託のないこどものような、遊びのエネルギーは、成長・内省・黙想を可能にすると同時に、間違うことも許します。間違いが起きると、このエネルギーは、修正して、より良くして、再調整するように促します。

この遊びのエネルギーは、成長と探索を促します。と同時に、偉大なる明確さとヴィジョンを持っています。こどもを観察するとわかりますが、彼らは物事を評価したり裁いたりしません。言葉は不要です。ほかのこどもたちとよろこんで遊びます。人種、宗教、言語、大小は、分け隔てるものにはなりません。

彼らは、たとえば「料理を作る」遊びをするとき、「台所」の準備も、料理をする過程も同じに大事にします。バラエティショーの遊びをするときには、リハーサルはショーそのものと同じに重要に扱われます。

遊びのエネルギーについて要点を整理するとこうなります――爽やかである、陽気である、この瞬間に在る、開放的、なんでも探索したい、何にでも興味がある、なんでもおもしろがる。またこのエネルギーは、拡大することを促し、学んで理解するために質問すること、発明と創造、内省を促進します。

このこどものような、遊びのエネルギーには、弱い・傷つきやすいとか、「大恥をかく」といった概念がありません。ご存じのように、彼らは大人に完全に依存してこの世に誕生しました。ですから私たち大人から考えると、彼らは弱いはずです。しかし彼らにはこの概念はありません。

こどもたちは、傷つくと、慰めを求めて私たち大人のところにやってきます。またハグをして抱きしめてほしいときも、私たちのところに来ます。何か理解できないときにも私たちに説明を求めます。

こどもたちは、自分の中で起きている情動・感情・感覚の混乱が理解できないと、自分から進んで、無邪気に大人に助言を求めてきます。そして、自分の内側で起きている混乱を解決してほしいと言います。

「無防備な傷つきやすさ」というホコリ

ジェームズというこどもを想像してください。彼はいま、妹の二段ベッドのハシゴを登っています。高いところまで登ったとき、彼は怖くなり、大人が来てくれることを期待して大声をあげました。彼は私たち大人が助けてくれると思っています。

彼は小さな顔をしかめて、恐怖の大きさを表現しています。一方大人にはその姿がとても愛らしく見えて、笑いさえ起こりそうです。大人たちは自分たちがそばにいる限り危険なことはないことを知っています。

しかしジェームズは大人の気持ちを知りません。彼には自分の恐怖と、彼が必要なときに彼を助けようとしないで笑っている大人たちしか目に入りません。こうして彼は最初の「体験」を受け取りました。それは、私たちに助けてと言っているのに、助けを与えられないで、大人たちが彼の「窮地を楽しんでいる」という体験でした。

これは気持ちのよい感情ではありません。彼はなにを間違ったのでしょうか？　彼は危険な目に遭い、それを顔をしかめて表現しました。いまジェームズは、お互いのコミュニケーションの不一致が原因で混乱しています。助けてほしいという彼の嘆願は受け取ってもらえませんでした。彼は間違った合図を送ったのでしょうか？　こうして彼は、私たちの笑いを怖がることを学びます。今後彼は二度とハシゴを登ろうとしないかもしれません。

大人は、それを見て、自分たちのなにが悪かったのだろうと不思議がるでしょう。私たちには、ジェームズがたった一回試しただけで勇気をなくしたように見えます。しかしジェームズは勇気を失ったのではないかもしれません。彼は私たちの笑いと、彼を助けようとしなかったことを怖がった可能性があります。そしてハシゴが私たちのそうした反応を引き出したので、これからはどんなことがあってもハシゴを避けようとするかもしれません。彼にとってハシゴは、助けを求めて働きかけたのに、助けが来なくて、長い間拒絶されたことを思い出させるものになった可能性があります（小さなこどもにとって、ハシゴの上で動けなくなり、助けが来ないという恐怖を味わっている時間は、永遠に続くように思われます）。

もしジェームズがこどものときにこのような体験を何度も味わったら、彼は潜在意識で、自分をなんらかの形で、バカ／人より劣る／欠けている／価値がないと信じることになるでしょう。そうでもなければ、彼が助けを求めたとき、誰が彼を「笑った」でしょうか。もちろん、彼がバカだとか、価値がないと言った人はいませんし、愚かだと彼に思わせようとした大人もいませんでした。しかしこれが、彼が信じるようになったことでした。彼は自分を、大人たちを落胆させている存在だと解釈したのです。

ジェームズがもう少し大きくなったとき、彼は、質問に答えられなくて咎められる、あるいは整理整頓をしていないことを咎められることがあるでしょう。そのとき、大人からこんな言い方をされるかもしれません。「あなたは口を閉じて食べる方法を知らないっていうの？」「どうしたらこんな服のたたみ方ができるのかしら」。彼はこうした言葉を、「あなたはバカだ」と聞くでしょう。

こうしてジェームズはしだいに「不健全な恐怖」を学びはじめます。それは、拒絶される恐れ、まさにその人を必要としているときに見捨てられる恐れです。彼は大人を怖がることを学びます。大人に働きかけることは「安全ではない」と考えます。なぜなら大人たちは、彼を価値がないと見ているに決まっているからです。大人はジェームズを落ち着かなくさせます。彼はお腹が締め付けられる感じや、浅い呼吸や、ムカムカ感を感じるでしょう。

ジェームズはまた、他人に働きかける必要がある活動に熱心に関わるのは安全でないと考えるようになるでしょう。なぜなら彼は、他人に働きかける＝弱さ＝不安定＝傷つきやすさ、と解釈しているからです。彼にとって他人に頼ることはじつに危険なのです。

こうしてジェームズが生まれたときに持っていた遊びのエネルギー、すなわち、人生を体験したい、他の人とつながりたいという積極的な思いは、ゆっくりとホコリに覆われていきます。そのホコリは、不安定さ、弱さ、傷つきやすさ、というホコリです。

こどもたちは、ジェームズのようなこども時代を過ごすうちに、徐々に傷つきやすさというものを学び、それを恐れることを学びます。こども時代にどんな大人がまわりにいたかにもよりますが、彼らが大人になるころには、遊びという、屈託のない興味津々のこどものようなエネルギーと完全に接触を失っているかもしれません。


本書をここまで読んだ方は、自分が持っている遊びというこどものようなエネルギーを理解し、再びそれにつながったのではないでしょうか。そして、大人としての実生活においてもこのエネルギーを大事にしたいと思うでしょう。

私たちはまわりのこどもたちを認めるために、この遊びのエネルギーを使うことができます。それはつまり、彼らに耳を傾け、理解し、大人になる旅路を歩む彼らに敬意を払うことに他なりません。

遊び	傷つきやすさ・脆弱
（傷つきやすいという概念がない）	（本物の遊びとはどういうものかを忘れている）
・オープンで、好奇心が強いエネルギー	・閉鎖的、防衛的エネルギー
・安心	・不安
・与えるエネルギー	・奪うエネルギー
・ありのままに受け入れる	・裁く（判断し評価する）
・自然に出てくる	・支配／支配される
・自然体	・圧力を受けている
・興味、体験して学びたいと欲する	・恐怖、防衛が必要、攻撃、喜ばせる
・リスクを進んでおかす（未知のものに対する健全な恐れ）	・危険をおかすのを恐れる
・内側から力がわく	・力を誇る
・柔軟性に富む、新しい意見を聞こうとする――包括的	・傷つきやすい自己を、防衛・攻撃・保護するニーズのみに柔軟に対処する
・間違いを受け入れる	・過ちを非常に意識し、批判する。過ちを看過できない（生き延びるのを脅かすから）
・過ちは学びの過程の一部	・自分に対して一番厳しい批評家
・失敗が失敗とみなされない。それは、フィードバックと成長の機会である	・失敗を恐れる
・提案に対してオープン	・提案に対して防衛的
・無力感、非力、助けの必要性などを進んで認め受け入れる	・怒り、フラストレーション。無力感、力がないことを弱さとして見る。そのために、そうした感情を認めることができない
・無力感を感じるのは人間として自然なことであると認める	・無力感を感じるのは敗北であり、弱さのしるしであると考える
・人間であること、存在すること＝私たちは誰もが同じ状況では同じように感じることを認めて、この瞬間に存在する	・人間は行為を行う＝弱みに触れられるという脅威に、瞬間的に行動／反応する
・共感できる	・（共感よりも）同情のほうができる
・理解できる	・素早く批判する

遊び	傷つきやすさ・脆弱
・動機づけられる	・やる気が起きない
・旅／経過に集中する。そして行き先／結果に集中する	・行き先／結果だけに集中する
・自然に起きる自信	・自信があるように見える。警戒し、弱みを攻撃されることを用心している
・自分のベストをもっと良くすることに集中する	・私と競争しているのは誰だろう？脅威を感じている
・卓越することに集中する——100％私なりのベスト	・完璧であることに集中——私はこの世で100％完璧だろうか？
＊例：オリンピックで銀メダルを取った	＊例：オリンピックで銀メダルを取った
自分の努力に集中。精神もハートも上を向く	世界の標準に注目する。うなだれる
私はベストを尽くした。自分の努力を誇らしく思う	私は失敗した。自分を「恥ずかしい」と思う
＊メダルは自分の一部。私はこのメダルよりもはるかに大きい存在だ	＊私はこのメダルによって定義される

第27章　リチャード――プレイセラピストとしての体験

この章では、こどもの内なる世界を理解してきた私の旅の中でも、最も思い出深い旅の一つを紹介します。

読者の中にはこれからお話しすることを、著者である私の「弱さ」と受け取る方もおられるでしょうし、誰もが持っている人間の姿と受け取る方もいるでしょう。おそらく両者が混じったものでしょう。

この体験については何年も前に国際的な雑誌に論文として発表しました。ここでは異なる見地からお話ししたいと思います。

その頃私は成人を対象とするセラピストでしたが、こどものセラピーを学ぶうちに、大人とこどもの類似点と相違点に気がついて興味が湧きました。しかし、当時はそれがどんな旅になるかよくわかっていませんでした。

「はじめに」に書きましたが、私の最初に取得した三つの学位は実験科学でしたので、証明の重要性を教育されていました。

そこで、こどものセラピーを取り巻く理論についてはすでに学んでいた私は、日常生活におけるこどもの脳と大人の脳の働き方の違いを知るためには十分な数の実際的証拠が必要だと考えました。私は確実な証拠を集めるために、大人対象のセラピーを行うかたわら、地域の小学校で四年間、ボランティアとしてセラピーを行いました。

こうして長時間こどもと過ごした体験から明らかになったのは、ふだんの生活で行われる相互作用（コミュニケーション・会話・関わり・ふれあい）で大人の脳とこどもの脳が示すことには顕著な相違が見られることでした。

そこでは、拒絶されるという恐怖の体験がこどもの行動や世界観、および性格に直接的な影響を与えていました。同時に、こどもたちにとって、まわりの大人に耳をかたむけてもらえること・理解してもらえることが非常に重要であることもわかりました。

私が行ったこどものセラピーは、一般にプレイセラピーと呼ばれるものです。これはこどもに何の指示も出さずに相互作用を行うもので、こどもはそれによって、内省し、自分の内なる知恵につながり、彼らが必要としている変化がもたらされます。彼らはウェルビーイングと健康な生活を目指すようになり、より実際的な行動をとることができるようになります。

私がボランティアをしていた学校の先生たちは最初、プレイセラピーに疑念を持っていたようです。たしかにプレイ（遊び）はこどもが教室の秩序を乱す理由の一つではあります。

実際、最初の年に私のセラピーを受けたこどもたちは、先生たちから、アドバイスも「話すセラピー」も効果がない生徒だと見なされていました。

それで、私と「プレイ（遊ぶ）」するために教室から連れ出しても問題ないと先生たちは考えました。

どんな「遊び」でも、それ以上に悪くならないだろうと。

一二歳で六年生のリチャード（仮名）は、最初の頃のクライアントでした。彼は大柄で上背があり成績は最低でした。成績表を見れば、勉強にまったく興味がないことがわかりました。教室で先生から何か質問されると、胸の前で腕を組んで先生をにらみつけました。

リチャードは他のこどもとは問題を起こしませんでした。学校の友達は一人もいないようでした。休み時間には一人で歩きまわっていました。彼の兄さんたちには何の問題もなく、成績も良かったので、私はその理由が何なのか、興味を持ちました。

私は、リチャードを含むたくさんのこどもたちとふれあいました。その結果、情動脳について、また恐怖や拒絶に対する情動脳の反応について、深く理解することができました。同時に、受け入れられることがどれほど重要かも学びました。

人間は、耳を傾けて理解することによって、また敬意や共感や思いやりを示すことによって、相手を受け入れていることを表現します。敬意と共感と思いやりは、受容につながる橋なのです。敬意を表すとは、相手が良い考えや性質を持っていると信じ、相手を大切だと信じ、相手を変えようとか傷つけようとしないことです。

ところで、自分から進んで唱えていた敬意と共感と思いやりを、当時の私は本当に信じていたでしょうか？　私はセラピストとして訓練されたので、プレイセラピーではネガティブな言葉を決して使ってはならないと知っていました。ネガティブな言葉は、暗にこどもを判断して評価し、押し付けることを意味しています。私はセラピーのセッションで、評価や判断のない環境を作ることができたでしょうか？

リチャードの沈黙

最初のセッションでリチャードはずっと沈黙していました。私も黙って座っていました。なぜならこのセラピーの方法は指示をしないことだからです。つまりこどもが先導し、セラピストはそれに従うのです。しかし私の内面は揺れていました。こどもが私と会話さえしないなら、どうやってセラピーをしたらいいのだろう?と。

しかしその一方で私は、他の大人に対する彼の態度と私に対する態度は同じでいいはずだとも考えていました。私は部屋にたくさんのものを置いていました。それらはプレイセラピー用具の一部で、注意深く選ばれたおもちゃや、創造力を刺激するものなどでしたが、なんの効果もないようでした。

私は自分が、こどもセラピーの初心者であることに感謝していました。同時になんとかして、セラピーを上手に行って、トレーナの諸先生、学校の先生たち、自分自身の期待に応えたいと強く願っていました。その一方では期待に応えられないかもしれないと不安を感じてもいました。最初のセッションでのリチャードの沈黙は、私の「恐怖」にぴったりと合致していました。

先生たちはリチャードの態度について警告してくれました。それでも私は、彼を引き受けてセッションを行う「能力が自分には十分にある」と考えていたはずでした。もちろん、このケースは初心者セラピストには難しすぎる、とうまく言い訳をして引き下がることもできたでしょう。

このとき私は、自分が、「自分の顔をつぶす」ことを心配しているとわかりました。私は先生たちの期待に応えることができないかもしれません。「他の人の期待に応える」ことにどれだけ自分が重きをおいているか、私は理解しました。

リチャードは、私の内面のこの部分、他人の期待に沿って生きることを重視している私の部分を映していました。

このときになってようやく私は、自分のこの欲望が自分に影響を与えている深さと力に気づきました。他の人の期待に応えたいという欲望、そして期待に応えられないかもしれないことに直面したときの不安。他人が私をどの程度信じているかはさておき、自分はできるとした自分に対する信念、セッションをするにあたって自分に与えたプレッシャー、そして自分の期待に応えるために払った大きな努力。「他人からの期待」と「自分への期待」は自分の中で大きな不安を作りあげていました。

私は、リチャードがこれに似たストレスを日常生活で体験しているのだろうかと考えました。大人の期待に応えること、自分自身への期待に応えること、そしてどんなに努力してもそれを達成できないかもしれないというストレスです。最終的に彼は、大人の期待にも自分に対する期待にも応えることをあきらめたのでしょうか？　成績でも、行動でも、大人に評価判断されることのすべてを？

私は他のこどものことを考えました。小さなこどもたちも、程度の差こそあれ、大人とやりとりをするときに同じようなことを感じているのでしょうか？　彼らはつねに、私たちの期待に応えなければならないと感じているのでしょうか？　そして自分自身の期待に？　私たちは、こどもたちにこの疑問をぶつけることさえ可能でしょうか？　こどもたちは大人と一緒にいるとき、内面で安心感を感じていなければ、他の人の期待に応えることができない懸念や、心配や、恐れや、不安について話してはくれません。こどもたちは、私たちに対して安心できなければ、私たちが聞きたいと彼らが考えている言葉を口にするだけでしょう。また私たちが期待していると彼らが考えていることを実現するように生きようとするでしょう。

話しはじめたリチャード

二回目のセッションのとき、リチャードは自分から進んで話そうと意気揚々と部屋に入ってきました。その光景は、最初のセッションとはまったく別人のようでした。彼が話しはじめたとき、彼が相互作用を行っていることに心底安堵したことを今もあざやかに覚えています。

リチャードは次から次と話を繰り出しました。その話が事実かどうかについて、私は一切質問をしないでただ聴くことに徹していました。彼はこのチャンスを大いに利用し、想像力にまかせて話しているように見えました。これはセラピーと言えるでしょうか？ あるときのセッションでは、リチャードと会話をしようと試みたあと、最後には自分が無力で、能力がなくて、イライラして、挫折感を感じていると考えていました。ようやく話してくれたという安堵感は、再び、落ち着かない不安定な気持ちに変わっていました。

見たところ彼は私をバカにしていました。私を犠牲にして、楽しみを味わっていたかもしれません。彼はようやく騙されやすい大人を見つけて、私に無駄な骨折りをさせて楽しんでいました。

そうしているうちに、私は、自分が深い支配欲求を持っていることに気がつきました。それは他の人間に対する支配ではなく、起きていることの意味を理解したい欲求でした。支配している状態とは、地図を手にして、目的地までの道を知っているようなものです。私は、この類の支配の感覚がないと、セッションで無力を感じました。

私は、リチャードが大人との日常的な会話で同じような感情を体験しているのかもしれないと思いました。彼は、またもや宿題を提出できなくて、大人が再び彼の問題を「解決」しようとしてさまざまな方法を彼に示したとき、無力感を感じなかったでしょうか？　なぜなら彼は、自分の人生をどうにもできず、起きていることの意味を理解することができなかったからです。きっと彼の中には、イライラ感、当惑、怒りが積み重なったことでしょう。

すべてのこどもが、程度の多少はあるにしても、同じようなことをふだんの生活の中で体験しているのではないでしょうか？

はたして彼らは、自分の人生をどれだけ支配しているでしょうか？　力のバランスは、確実に、すべてを支配できる大人の側にあるのではないでしょうか？

学期が過ぎていき、セラピーは続きました。リチャードの話も続きました。当時私が納得できた唯一のものは、どの話にも共通していた一本の糸で、それは、リチャードは「パワフル」で、誰も彼に意地悪できないということでした。

リチャードと一緒に座っているセッションは、簡単なものではありませんでした。正直にいえば、私は黙って彼の話を聴いている自分を容認していました。それは、リチャードから見返りとしてほしいものがあったからでした。その見返りとは、彼が自分から「不適切な」行動を認めてそれについて話してくれることでした。

もしこれが起こらなければ、私は学校の先生たちの期待にも、自分自身の期待にも、セラピーの期待にも応えることにならないでしょう。なによりも、失敗したことになって、先生たちからの「リスペクト」を失ってしまうでしょう。私は、若い時分に無意識に埋め込まれた思考の癖に戻ってしまっていたのです。それは、リスペクトは獲得するものであり、達成して初めて敬意を払われるというものでした。努力だけでは十分ではありませんでした。「リスペクトを獲得する」ためには、他の人たちが私に期待したものを実現する必要がありました。それで初めて、私が達成したことが認められ、価値あるものとされるのです。もし結果が彼らの期待に見合わなければ、私の行為にも努力にも何の価値も与えられないでしょう。

このとき私は、リスペクトの真の意味を誤解していたことに気がつきました。敬意は獲得するものではありません。それは他の人から与えられるものです。人間としての尊厳は、私が何をしたとか、どういう行動をしたか、には関係がありません。

私はリチャードのことを考えました。彼もまた、リスペクトというものを誤解していたのでしょうか？　彼は、学校を歩き回っているとき、大人の期待に応えられない状態のまま、自分を敗北者だ、敬意を払われるに値しないと信じていたのでしょうか？　彼は、敬意を獲得することは不可能だと考えていて、ずっと前にそれをあきらめてしまったのでしょうか？　もし彼が、自分はほとんど敬意を払われていないとずっと感じていたとしたら、「敬意を払われる」ことなんか少しも気にしないという、表面だけのハッタリの勇気を私たち大人に見せていたのでしょうか？

リスペクトは獲得するものではない

私は、自分がふれあったほかのこどもたちのことを考えてみました。彼らは、私たち大人から敬意を払われるためには懸命に勉強しなければならないと感じているのでしょうか？　もし彼らが良い成績を取らなくて、努力さえしていないとしたら、私たちからの敬意を失うのでしょうか？　彼らは、私たちに嘘をつくほうが、私たちの期待に応えないでリスペクトを失うよりもまだ安全だと思っているのでしょうか？

敬意は与えられるものであって、獲得するものではありません。

私は、自分に敬意の定義を繰り返し聞かせる必要がありました。それから自分を内省し、期待と無力感と敬意をどう自分が考えているかを観察することで、徐々にリチャードの内面で起きていたかもしれないことを思いやることができました。

私はリチャードに敬意を感じることができました。このことは、私が、リチャードが良い性質を持っていると信じ、彼が自分にとって大切な存在だと知っていて、彼を傷つけようとか変えようとしないということです。

私がリチャードにこの「受け入れる環境」を与えるならば、彼は安全だと感じるでしょう。そして少しも彼のためにならない行動について内省することができるでしょう。

私は、自分が他の人の期待に応えようとしてあせらないようにと、つねに意識しなければなりませんでした。私は、彼に、どんな会話の仕方をすれば友達や大人にもっと受け入れてもらえるか、提案や考えを暗に押し付けないようにしました。

セラピーは続きました。リチャードは毎週、楽しそうに私のところにやってきました。しかし彼が私に話すことは、「ありえない」話の続きでしかありませんでした。こうして再び、私に内省が必要なときが巡ってきました。

私は、小さな友人からすばらしく突飛な話を聞くというこのやりとりを受け入れるべきだったでしょうか？　いいえ、絶対にそんなことはありません。私は、信頼関係を築くというこの段階で、正直である必要がありました。私はそれまで彼のほら話を受け入れていました。それは私が、リチャードに受け入れてもらいたいという欲求がとても大きかったからでした。

私は自分がリチャードをとても慎重に扱っていたことに気づきました。私は彼に敬意を払い、話を割り引きして聞いたり、拒否したり、無視したりしないように細心の注意をしていました。そしてそれはたんに、私が、彼からのお返しをほしかったからでした。そのお返しとは、彼が私を受け入れてくれるだろうということでした。

私はさらに内省し、自分に正直になりました。すると、自分がつぎのような数多くの要求を持っていることがわかりました。

・受け入れられたい：そうすればこどもは、私が提供しなければならないものをもっと進んで受け入れるようになるだろう。
・尊敬されたい：私は、リスペクトは獲得するものだという間違った考えの癖に簡単に戻る。
・支配／確信を持ちたい：分析し、解釈し、評価し、判断して、結論に至るため。私はそうすることで確信を持ち、ある程度支配する権力を持つ。
・期待に応えたい：実行し、応えて、尊敬されるため。自己評価を満足させるため。

私はどこでどのようにして、この増大するばかりの要求を集めたのでしょう？　これらの欲求を自分が持っていることに気づかせてくれたのは、リチャードを含め学校のこどもたちとセラピーをした体験でした。人は誰でも、程度の差はあれ、こうした要求を持っています。私が特に気づいたのは、自分の欲求の深さ、そして、それが私の中に、恐怖、頼りなさ、不安を生み出していることでした。

私はこどもたちもまた、認められて敬意を払われる欲求を持っているのではないかと思いました。そして敬意というものを、受け入れられている合図として捉えはじめました。受け入れられていることは、そのこどもがグループに属している、大切にされている、重要である、支えられている、守られている、育まれていることを意味するものです。

こどもたちはいったいどれほど自分を妥協させているのでしょうか、どれほどけんめいに、大人に認められるよう、敬意を払ってもらえるよう、受け入れられるように努力しているのでしょうか？　そしてリスペクトと受容が起こらないように見えるとき、彼らは、認められたい・耳を傾けてもらいたい・理解されたいというニーズが叶えられるように、自分に気づいてほしくて、「不適切な」行動に移るのではないでしょうか？

リチャードや他のこどもとセッションをしていた一学期の間に、私は自分と折り合いをつけるようになり、自分に対する期待を手放して、日を追うごとに自分にやさしくなりました。自分を観察する楽しみを見つけました。木曜日が待ちどおしくなりました。木曜日はリチャードや他のこどもとのセッションの日だったからです。

はっきりとは意識していなかったお腹の中の小さな緊張のしこりが、いつの間にか消えていました。この段階でようやく私は、木曜日の朝にどの程度の不安を体験していたかに気づきました。

以前は、リチャードと話すときに注意深く言葉を選んでいました。今私は彼の体験の中に入って彼と体験を共有しています。

二学期になると、私の態度は以前とはかなり異なるものになりました。あるときリチャードは、週末にフランスに行ったと言って、エッフェル塔やルーブル美術館などについて詳しく話してくれました。以前だったら私は彼にこう言ったでしょう。「あら、フランスに行ったのね」

でもそのときはこんなふうに言いました。「あなたが週末にフランスに行ったかどうかは、私にはわからないけど、あなたがフランスについてよく知っていることだけはわかった、それもとても詳しくね。あなたの話は勉強になるわ」。するとリチャードは、週末にテレビを見て、フランスのことをたくさん学んだのだと話してくれました。

以前の私なら、もし彼からまくらの下に銃を持っていると聞かされたら、こう言ったでしょう。「あら、あなたはまくらの下に銃を持っているのね」。でも今なら、「まくらの下に銃ねえ、自分のまくらの下に銃があったらとても怖いな。だって、暴発したら自分も危険だもの」。リチャードはこう応えるでしょう。「ふうん、ぼくは少しも怖くないよ。安全だよ。だって、ぼくを捕まえにくる幽霊たちを殺すことができるもの。幽霊は銃の音をとても怖がるから、銃を持っている人の側には近よらないんだって聞いたよ」。

この変化は、私が感情をシェアしたから起きたのだと考えています。私は、押し付けず、判断せず、何をするかを彼に言わず、提案もしませんでした。リチャードはとても開けっぴろげになり、私は彼に関することをたくさん学びはじめました。

彼が非常に正確かつ詳細に事実を記憶できることは明白になりましたが謎は解けませんでした。彼はどうしてこの知性を学習に使っていないのでしょうか。

模擬試験が迫ってもリチャードは何もしませんでした。実際、自分は勉強することができないのだと、無頓着にしかもきっぱりと言いました。私はどうしてそんな結論に達したのか、とても不思議に思って尋ねました。

すると彼は、母親がそう言ったのだと言いました。仕事から帰るなり、お母さんは彼をステンレスのものさしでたたいて、こう叫んだというのです。「お前は勉強ができない、お前は勉強ができない」

セラピストになる訓練には、両親の参加は入っていませんでした。しかしリチャードにたずねたところ、この件を私が母親と話すことを許可してくれました。

母親はものさし事件を覚えていました。その日彼女は、気持ちが落ち込んで、憔悴して、支払いが迫っているいくつもの請求書をどうやって払うかを考えながら帰宅しました。家に入ると、他の兄弟が試験勉強をしているのに、リチャードだけがテレビを見ていました。

「その瞬間に我を忘れました。ものさしを手にして、彼をこっぴどくたたいてしまったんです」。リチャードはこのとき、母親が、「お前は勉強ができない」と言ったと言いましたが、彼女が言おうとしたのは、「どうしてお前は勉強することができないの？」でした。

私が理解しなければならなかったのは、この一件がそれ以来ずっと彼に影響を与えていたことです。彼が信じた母親の言葉は、彼の現実になっていました。彼は勉強することができない、だから彼は勉強しようともしなかったのです。

彼の母親は、あのとき本当に言いたかったことをリチャードに説明するときに、自分から謝ろうとするでしょうか？　彼女は、親がこどもに向かって謝るとき、あまり情けない行動をとると威厳と尊敬を失ってしまうと信じていました。私は彼女に、自分がこどもとの会話で間違いをしたときにどう謝ったかという話をしました。彼女は同じようにすると言ってくれました。

私はすぐにリチャードを部屋に入れて、謝罪の場を設けました。彼はとても驚いて、当惑し、恥ずかしそうでした。そして母親が、彼には勉強する能力があると言うと、その言葉を信じがたい様子で聞いていました。

そのあと学校が休暇に入りました。セラピーは予定どおりに続き、非常に大きな変化が見られました。リチャードが私に延々とつくり話をした日々は過去のものになりました。

代わりに彼は、プレイセラピーの部屋に用意してある黒板を使って、アメーバや原生動物について詳しい説明をするようになりました。セラピー道具の人形や砂箱なども使いはじめました。

彼の遊びは、赤ん坊のときからこども時代、そして現在に至るまでのことを象徴していました。これはヒーリングの過程の一部であり、これこそ私が訓練で学んだものでした。

リチャード、学校で人と関わりはじめる

やがて、リチャードの学校の先生たちから、彼が教室の前列に席を移したという報告がきました。先生の質問に手をあげて答えはじめ、自分の答えが間違っていないことを確かめるために隣の生徒のノートをのぞきこむという報告も来ました。

また、朝に担任教師を学校の門の前で待っていたり、先生のカバンを職員室まで運ぶのを手伝うこともありました。

休憩時間には私を探し出して、自分が達成したことについて話したがりました。一年の終わりには、ほとんどの科目の試験で平均点を取ったと誇らしげに報告してくれました。

この頃を振り返ると、セラピーを始めたころリチャードがほら話をしていたとき、彼は「うそ」をついていたのだろうか、それとも、勉強をしてはならないと信じていたので、他のことでは優秀だと言いたかったのだろうか、と疑問が湧いてきます。このことは、これからもわからないでしょう。

まず、受け入れて、つながる

リチャードの変化に関連して確かなことは、もし私が、期待を持ちつづけて、それに気づかないで、あのまま不安と恐怖の中にいたならば、私とリチャードとのセラピーに進展はありえなかったことで

す。自分の不安を手放したときに初めて、私は自分がセッションの場で「存在している」のを感じました。リチャードがものさしで叩かれた事件を私にシェアすることができたのはそのあとです。そしてその事件が解決したときに、彼の行動が変化しはじめました。彼はもう自分のコミュニティから拒否されていると感じていませんでした。彼の場合のコミュニティとは、家族や友人、学校のことです。彼は受け入れられたことを感じ、行動はそれを反映しました。

リチャードの態度と行動を変化させたものはなんだったのでしょう？　セッションを振り返ったとき、つぎのことが明らかになりました。それは、彼に必要だったのは、大人の私がセッションを彼に押し付けるのではなく、彼がセッションの進捗を支配することでした。また、彼は、彼が達成したものではなく（また達成しなかったものにでもなく）、リチャードという人間そのものに敬意を払われることを必要としていました。

そして信頼できる、安心できる環境が整ったとき、彼はようやく最も苦痛で恥ずかしい秘密――勉強することができないこと――を私に伝えることができました。そして情動面の苦しみが癒されはじめたとき、彼はそれについて話すことができるようになり、私とそれをシェアし、解決を模索できるようになりました。

私は、リチャードや地域の学校のこどもたちとのセラピー体験を通じて、こども時代の、拒絶される恐怖の衝撃の大きさを知りました。同時に、こどもが属する家族・コミュニティに、こどもが無条件で受け入れられることが非常に重要であることも理解できました。それとともに、私自身が持っている人間としての性質、自分の弱さや恐怖や不安についても理解しました。

私は自分の体験を、セラピーを受けたことのない方たちとも分かち合いたいと思いました。本書が、みなさんのまわりにいるこどもたちに、そして私たちの中のこどもたちに、ふだんの生活の中で、敬意と共感と思いやりを示す一助になることを願っています。

つながりがすべてに優先する

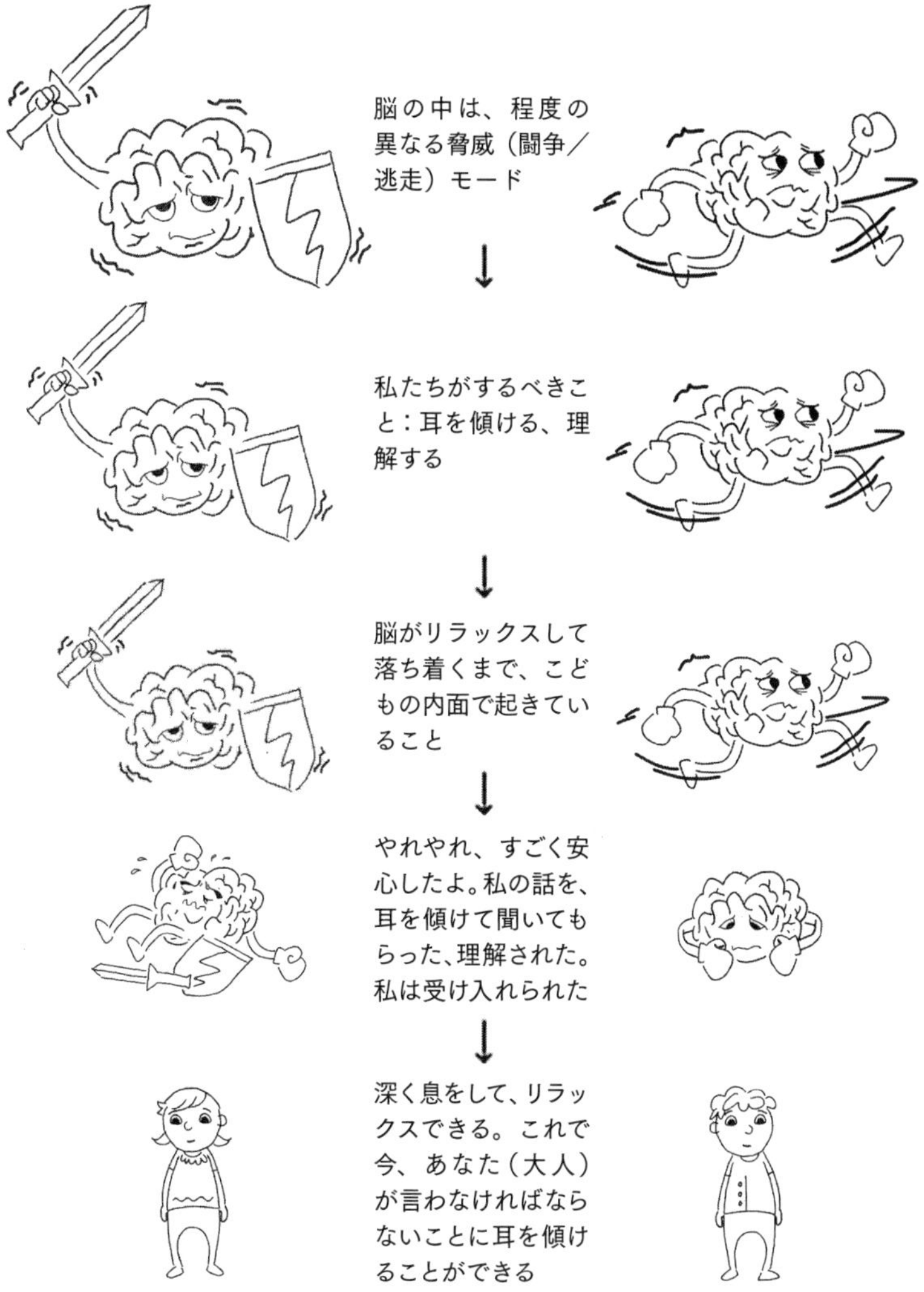

こどもを正す前にこどもとつながる

付録A　セラピーで出会ったこどもたちからの手紙

本書は、こどもたちと彼らのまわりの大人たちのことを述べたものです。人類の進化の過程という観点から、こどもたちは大人に受け入れられることが必須です。では、どうしたら私たち大人はこどもたちに対して、敬意・共感・思いやりを通して、彼らを受け入れていることを示すことができるでしょうか。

他の大勢の読者と同じく、あなたもきっと、こどもたちが幸せで満ち足りている大人に成長するように手助けしたいと思い、どうすればいいのかを知りたいと思っていらっしゃるでしょう。読者の中には、こどもの保護者、教師、おば、おじ、祖父母、こどもの友人もおられるでしょう。また、自分の内なるこどもに興味があって、そのこどもが自分にどんな影響を与えたのかを知りたい方もいるでしょう。本書が、こどもに対する私たち大人の見方を変えて、私たち大人がこれまでとは異なる接し方ができるようになることを願っています。

私は心底からこどもを支持しています。これまで何十年もの間、こどもや大人のカウンセリングを何千時間と行ってきた体験から、つぎのことを確信するに至りました。それは、大人たちがこどもたちに敬意と共感と思いやりを捧げることは正しいと信じて、そうするとき、こどもたちは自分が受け入れられていると感じはじめ、さまざまなすばらしい変化が起きる、ということです。

本書を通じて、また世界各地で行われている同種の仕事によって、もっともっと多くのこどもたちが――敬意と共感と思いやりを必要としているすべての人たちと同様に――彼ら自身が願う方法で認められ、理解されることを願っています。

以下に紹介するのは、本書に登場した想像上のこどもたち全員からもらった「お手紙」です。彼らは、私がカウンセラーとして実際にやりとりした、たくさんのこどもたちを代表しています。私たち大人が彼らの声をもっとはっきりと聞くことができるように、そして理解できるように、彼らの声を、ここに手紙という形で読者のみなさんにお届けします。

親愛なる大人たちへ

私たちこどもは、「遊び」という、開放的で大きく広がってゆくエネルギーを持ってこの世に生まれました。このエネルギーは私たちの成長と発達を促し、世界を探索する勇気を与え、間違いをおかしても立ち直る力を与えてくれます。私たちこどもは回復する力を持っています。私たちは人生を学び体験するために生きています。もしも私たちが内気だと、内気であることをあなたたちに見せます。混乱したり、悲しかったり、当惑したり、自尊心を傷つけられると、それをあなたたちに見せて、慰めてもらうために大人に近づきます。

私たちは情動や感情を隠しません、あなたたちとかけひきをしません。私たちは率直で気取らず、あなたたちとつながっています。私たちはあなたたち大人がいなければ生きることができません。私たちはあなたたちの思いのままです。

　私たちの中には、時間がたつうちに、大人であるあなたたちから自分を守ることを学ぶ者がいます。大人は私たちにとってかなり怖い存在です。大人とのやりとりで、あなたたちが保護過剰になって私たちを型に入れようとするたびに、私たちはとても怖い思いをします。私たちは、あなたたちが何をするか予測できないとき、また私たちの言うことに耳を傾けてくれないとき、恐怖にかられます。

　私たちは大人と比べるとじつにちっぽけな存在です。そして、私たちが怖いと思うことをあなたたちがすると、私たちの脳は自分を守るために、恐怖から来る行動という反応をします。ときに、こうした行動が大声で攻撃する形になり、反対に、黙ってひきこもる行動になります。

　これらの行動は、人間の脳が進化の過程で身につけた闘争／逃走のメカニズムによるものです。でもなぜか大人はこのことを知らないように見えます。あなたたちは、私たちをなだめることもしないし、私たちの内側で起きていることを理解していると示すこともしません。

　私たちが怖がるとき、私たちのエネルギーは、危険を見つけ、危険を減らし、恐怖を減らそうとして、関心が外側に向きます。それで私たちは内省することも内側を見ることもできなくなり、あなたたち大人が私たちに教えようとしていることを内面に取り込むことができません。

　そして状態は悪化します。あなたたち大人は、私たちこどもが怖がっているときに見せる行動を矯正しようとします。そして、私たちの行動を見て、頑固だ、強情だ、怠け者だ、不注意だ、自己中心的だ、素直でないと言います。それで私たちこどもは、自分は本当に悪い子なのだと考えはじめて、あなたたちが私たちを捨てるのではないか、拒絶するのではないかと恐れます。そうしてすごく怖くなります。

この悪循環のサイクルの中で、こどもの私たちには複雑すぎて理解しがたいことが二つあります。一つめは、あなたたち大人は私たちの行動を理解しないし、それがどこから来ているのかも理解しないことです。大人は、私たちがわざと悪いことをして、言うことを聞かないと考えます。二番目は、どうして大人が私たちの行動だけに注目して、私たちの内面で起きていることを理解しないのかということです。私たちの行動だけに注目して、それを矯正しようとするたびに、私たちは、自分の中になにか欠陥があるのだろうと心配します。

私たちこどもは、率直にいってとても単純です。私たちが遊びのエネルギーとつながっていられるように大人が助けてくれると、私たちは大人と一つのチームになって動くことができます。大人という大きな人たちを怖がるのではなく、一緒になることができます。そうすれば私たちは、私たちの世界について、学ぶことができ、オープンになることができ、興味を持つことができます。そしてまわりの世界に対して健全な恐怖を持つことができます。健全な恐怖とはたとえば、高い木の上からのジャンプや、毒蛇を恐れることで、危険から守ってくれる恐怖のことです。私たちは、自分に欠けているところがあるとか、ありのままでは十分じゃないという恐怖はほしくありません。

自分に欠陥があると考えて怖がれば怖がるほど、私たちは、開放的でどんどん大きくなる、遊びのエネルギーから切り離されていきます。しかしこのエネルギーこそ、私たちこどもに、大人の言葉に耳を傾け、あなたたちの言葉について内省させてくれるエネルギーなのです。

どうぞ私たちをわかってください……ここに述べたような行動をとるとき、私たちは、本当は震えていて、内面が緊張していて、私たちがこの世に生まれたときに持っていた遊びのエネルギーから、ゆっくりと切り……離されていくのです。これは、本当のありのままの自分とのつながりを失うことなので、とても怖いです。

幼かったとき私たちは当惑したり恥をかいたりしましたが、そうした気持ちを怖がることはありませんでした。私たちはたんに、大人のところに行って慰めてもらいました。

成長して大きくなるにつれて、私たちは、どうやって他人に慰めてもらえばいいのかわからなくなりました。私たちは、大人からもっとやりこめられるのではないかと恐れました。自然に備わっていた開放的で大きい遊びのエネルギーから来る行動は私たちの奥に埋もれてしまい、代わりに、人をよろこばせる行動、自分を守る行動、相手にとっていやな行動をとるようになっていました。

さらに悪いことには、私たちは、私たちそのものである、楽しさに満たされた、喜びに満ちたエネルギーから切り離されてしまいました。

そうして、生まれて一五年から二〇年たつと、私たちの中に、自分はどこか欠けている、欠陥があるという恐怖が埋め込まれていました。私たちは、困惑すること、恥ずかしめを受けること、恥辱、非難、微妙なこき下ろし、他の人からの期待、などを恐れることを学びました。私たちの脳は、気づくことさえないまま、自分を守る行動、攻撃的な行動、人をよろこばせる行動をとるようになりました。

しかしこんなふうである必要はないのです。大人が怒るだろうとか、大人に拒絶されるだろうと怖がらなければ、私たちはあなたたちに近づくことができます。大人が「ふだんの生活の中で」私たちの行動を受け入れて、敬意と共感と思いやりを示し、理解しようと努力してくれれば、私たちは受け入れられたと感じ、理解されたと感じるでしょう。

大人は、「不適切な」行動として表に現れる、私たちの内面の情動・感情・感覚の混乱を解きほぐすのを手伝うことができます。

そのとき、大人が受け取る贈り物は、私たちの「不適切な」行動がゆっくりと消えていくことです。

私たちは立派に成長して優秀な人間になるでしょう。信じてください、私たちはあなたたちが誇りにできる人間になります。

署名：モリー、ザック、アンナ、ビクラム、ソフィア、ユージーン、サム、ナディア、アリーヤ、ビリー、アーチー、フレッド、ファリダ、カタリナ、サレーム、エリコ、ジェームズ、ハルキ、ヘイブン、ポール、ジェイコブ、その他本書に出てきたすべての想像上のこどもたち。

付録B　本書で使われている言葉の説明

Apathy（無関心・無感動）、Sympathy（同情）、Empathy（共感）、Compassion（思いやり／慈悲）の違いはなんでしょうか？　Emotion（情動）、Feeling（感情・フィーリング）、Sensation（感覚）の違いはなんでしょうか？　本書では、これらの言葉をたびたび使っています。

思いやり・慈悲（Compassion）は、さまざまな宗教書に出てくる言葉です。共感（Empathy）は、決まり文句で今では誰でも知っている言葉になりました。同情（Sympathy）は長い間「良い」ものだと思われてきましたが、今では使われることが少なくなり、共感がとって代わりました。

こうした事情が大きな混乱を招いています。そこでこれらの言葉を理解して、本書ではどう使われているかを説明したいと思います。まず一番極端に位置するアパシー（Apathy）＝無関心という言葉からはじめましょう。そうすれば、同情と共感を文脈の中で捉えることができるでしょう。

無関心（Apathy）

アパシー＝無関心とは行動であり、誰にも何にも興味を示したりエネルギーを向けることがありません。この行動は基本的に、つぎのようなメッセージを送っています。「あなたは私にとって重要ではない」。

同情（Sympathy）

同情は、他の人に対して、悲しみや憐れみを感じる行動です。しかし、このタイプの思いやる感覚は、受け取る側には、ゆがんで見られることがあります。相手は、憐れみ、恩着せがましさ、上から目線の行動だと感じる可能性があります。

たとえば私たちが、悲しみ、落胆、情動的に傷ついたという体験をして、それを勇気を持って他の人に話しているとき、必ずしもつぎのような言葉を聞きたいとは思いません。「心配しなくていいよ、明日は今日より良くなるよ」「もしかしたら彼は、あなたが受け取った意味で言ったんじゃないかもしれない」「あなたが考えるほど悪いことじゃない」「あなたがかわいそう」

そう言った側はそういうメッセージを伝えようとしていないかもしれませんが、しかし受けた側の私たちの脳には、相手が、私たちの痛み／苦しみを私たちと分かち合いたくない、分かち合う準備ができていない、分かち合うことができない、と言っていると聞こえます。私たちは、自分が感じている情動面の痛みが、簡単に退けられ、軽視され、軽蔑され、軽んじられたと感じます。

私たちは自分のことを相手に話す前、すでに傷ついていると感じていました。私たちは、傷の痛みが少しでもなくなるようにと願いました。しかし今、傷は、まるで踏み潰されたようにさらに痛みが増しています。

私たちは、この状態に気がつかず、他の人に打ち明けることに不安になるかもしれません。また打ち明けるのを忘れて、そうすることさえ考えないかもしれません。そして、どうしてそうすることができないのかを指摘することさえできないかもしれません。

自分のことを他の人と分かち合うとき、私たちは自分に怒りさえ感じているかもしれません。他人と分かち合うことは、自分を傷つきやすくし、自分が踏みつけられるのを許すことだからです。そうです、踏み潰されるのです。それが、自分の情動や感情が合理的に扱われたときの感じです。私たちは、罪悪感さえ感じるかもしれません。そして、自分が誇張しているとか、「自分たちの話」をすごく大きなものにしているとか、実際よりもはるかに大きなものにしていると考えるかもしれません。

こどもに同情した大人は、相手（こども）がどうして「私たちに話そうとしない」のか不思議に思うかもしれません。私たち大人は、同情することでこどもの痛みを少しでも軽くしようとして、彼らが気持ちを持ちなおすように最善を尽くしたはずではなかったでしょうか？　私たち大人はこどもに、心配しなくていいと言ったはずです。そのうち状態は良くなるよと言ったはずです、よね？

共感（Empathy）

共感とは、私たちが、相手が体験していると思われる痛みのいくらかを自分で体験する能力のことです。これは、誰もが一人ひとりの中に持っている人間らしい性質を認めることであり、人間は誰でも恐怖や悲しみ、痛み、怒り、ムカつき、喜び、満足、驚きを感じる、ということを認めることです。それはつまり、私はあなたが悲しんでいるのを見ると、私も悲しみを感じますということです。あなたが落胆していると私も落胆しますということです。これが、一人の人がもう一人の人と共感でつながっているということです。

ときには、ある人の痛みを、相手にそれだけの理由があるように思うかもしれません。当人が自分で作ったのだから、どうして他の者が痛みを共にする必要があるだろうと考えるかもしれません。私たちは相手に、痛い思いをするからそうしてはいけないと長い間警告してきたはずです。そして今、その人が忠告を聞かずに傷ついたときに、どうしてそこに行って一緒にいる必要があるのでしょうか？　馬鹿げているとは思いませんか？

ここで私たちは、「誰でも、健康になりたい、ウェルビーイングを手に入れたいとベストを尽くしているのだ」ということを思い出したいと思います。相手をまずは信頼して、彼らの観点を理解し、この状況を作った彼らの考え方を理解する努力をしたいと思います。

結論を急がずに、相手の観点から見てみると、まったく違った景色が見えるでしょう。それは私たちが想像したことさえないものかもしれません。そうなったとき、相手に対するいらだちやフラストレーションはおさまるでしょう。

364～365ページで紹介するイラストの内容は現実に起きたお話です。母親はこどもに、けんめいに、共感と思いやりを示そうと努力していました。

ある日このお母さんは、こどもが鉢植えの花にミルクを注いでいるのを見つけました。そのときこの母親は、怒りを口にしたい衝動を抑えて、中立の立場から質問しました。それから嘘をつかないでほしいと願う自分を抑えつつ、息を止めて答えを待ちました。こどもの答えはまったく思いがけないもので、母親はとても驚いてしまいました。

彼女は私にこう言いました。「以前だったら、こどもを、こそこそずるいまねをする子だと考えながら話しかけたと思います」

人と会話をするときには、自分の内面の状態にチューニングして気づいていることが大きな助けになります。特に相手をまずは信じようとするときにはそうです。

思いやり（Compassion）

思いやりとは、他の人の苦しみについて深く気づいており、その苦しみをなんとか楽にしたいと望んでいることです。しかし苦しんでいる相手のそばにいても、彼らの苦痛が私たちの脳回路を圧倒することはありません。どうしてでしょう？　なぜなら思いやりは、知恵を伴う共感だからです。思いやりとは共感が行動になったものです。

「この人もできる限りベストを尽くしている。そうしてこれが起きた。そこにはなんらかの理由があるに違いない。私は理解したい。私はこの人と共にいて「痛み」を少しだけ楽にしてあげたい」と考えることは、私たちのマインドとハートを開かせてくれます。

これは情動脳が防衛態勢でない状態であり、この状態は学ぶことが可能です。そして、オープンなやさしい内面状態はしぐさや言葉によって相手に伝わります。

ここで紹介した話の母親は、こう言いました。「自分の内面の状態に気づいていることによって、これまでと違う関わり方をすることができました。このことで、私は一つのチャンスを自分に与えたと思います。それは、こどもをジャッジしないで、以前の思考パターンがもとになっている結論に飛びつかないというチャンスです。以前の私なら、こどもを、けんか腰で、反抗的で嘘つきだなどと考えていたでしょう」

彼女はこうも言いました。「これまでと違う話し方をしたことで、私は自分に贈り物をしました。深呼吸をしたとき、自分に思いやりを与えたと思います。そして（自分への思いやり）行動を最後まで続けて、こどもに「どうしたの」とたずねました」。

思いやりは、相手の内面に耳を傾けて理解しようとしつつ、自分の内面にチューニングする手助けをしてくれます。そうして、自分に可能な最善の行動につながります。

こどもを無知で無駄なことをする存在として対応している

相手をまずは信じようという態度で、こどもの行動を具体的に述べて、
その行動についてもっと知りたいと思っている

情動（Emotions）、感情／フィーリング（Feelings）、感じ・感覚（Sensations）

情動と感情の違いを理解するには、三原色とその混合色を考えるといいでしょう。三原色とは、黄、赤、青です。この三色をさまざまな割合で混ぜ合わせることで、限りなくさまざまな色が作られます。

この三原色にあたるものが、私たちに共通する六つの情動です。それは、怒り、嫌悪感、悲しみ、恐怖、喜び、驚き、です。これらの基本的な情動は本能的なもので情動脳に源があります。注意深く見てみると、これらのうち四つは、危険を探して私たちを安全に守るためのものです。恐怖、怒り、嫌悪感、悲しみがそうです。これは、生物の種が生き延びるのを確実にする進化の方法なのではないかと私は推測しています。

情動は生で率直で本能的なものであり、脅威と報酬に対してすばやい反応をすることによって、生き延びることに貢献します。情動は、生化学的反応を生み出し身体状態を変化させます。この身体状態は、脳活動や顔の微表情などを通して客観的に計測できます。

私たちが身体で感じる感覚は、こうした情動、および情動の生化学的反応から来ています。たとえば、恐怖を感じると緊張のために身体が締め付けられる感覚があり、闘争／逃走の準備が始まります。受け入れられていることを感じると、身体の感覚はリラックスしてのびのびします。

感情／フィーリングは、六つの基本的情動が引き金になっています。そこに、特定の情動とリンクしている思考やイメージ、記憶による色付けが行われます。

このことはつまり、情動や感覚の混合の結果として生じた感情／フィーリングは、非常に個人的なものであることを指しています。それらは、当人の過去や現在の体験、自己言及の信念、気性、現在の状況などから影響を受けています。

たとえば、アンナが私たちに「チョコレートケーキを食べたい感じがする」と言うとき、彼女は悲しくて、チョコレートケーキは自分を元気にするためのものという意味なのかもしれません。しかしベラはそれを聞いて、アンナがとても幸福で、何か「良いとき」を祝いたいのだと考えるかもしれません。なぜならそれがベラのチョコレートケーキに対する思いだからです。

責任（Responsibility）

ある出来事、状況における自分の関わり方において、自分に関連した部分について認め、受け入れること。そして、それについて自分が説明する責任を持ち、同じ行動を再びしないように誠実に最善を尽くすことを言います。

脅威モード（Threat Mode）

人間の身体は、つながりを求めるようにできています。「一体感－包含されるという体験」はつながりを通じて起こります。相互作用（コミュニケーション・会話・関わり・ふれあい）の中でつながりが経験されないと、人間の脳は自然に、生き延びる（サバイバル）ための準備態勢に入ります。これが起きるのは、脳が、生命の危機を体験しているからです。人間の身体にとってこれは現実であって、たんなる想像でも認識しているだけでもありません。

この生き延びるための準備態勢では、サバイバルを確かなものにするため、多くの身体的な変化が自然に起こります。そして「今ある危険」から自分を守るために、身体全体の内部組織を動かすための大きなエネルギーが生み出されます。

この動きを「可動化（mobilization）」といい、「闘争／逃走（fight or flight）モード」という言い方もされています。この「闘争／逃走」態勢のときに見られる行為や行動には、いわゆる「反抗的」「かんしゃく」「頑固」などといわれる行動があります。

命を脅かす危険が「非常に深刻な」場合には、「恐怖によって、固まる（immobilization）」ことが起こります。この状態を「フリーズする（freeze：凍結する）」と呼んでいます。これは、生き延びることを最優先するために、その置かれた状況に従うという状態のことです。

「フリーズ」状態は、冷凍庫に入っているものにたとえることができます。そのとき私たちは、「自分のために考えることができるのだ、と考える力」さえ失っています。そして、生き延びることを確実にするために、「シャットダウン（shutdown：停止）してその状況に従う（comply：従う）」行動が現れます。

レイプや性的いたずらをされたときに逃げ出すことができない、あるいは強奪されたときに叫ぶことができないのはこの行動の一例です。

こども

ユニセフの「子どもの権利条約」は、こどもを「一八歳以下」の人間としています。

情動的な安全を感じる：安心感（Emotional Safety）

私たち人間の身体が要求しているものは、敬意と共感と思いやりです。これは、私たちの身体がそのようにプログラムされていることから、生物学的、神経学的に必要であり、受け取ることが期待されています。相互作用（コミュニケーション・会話・関わり・ふれあい）でこれが、双方から提供されると、私たちはリラックスして、相手との本物のつながりを感じます。また一体感や、受け入れられた感じを持ちます。この体験を「情動的に安全だと感じる」といいます。

脅威（**Threat**）

脅威は、ある命令、ある要求に従わない場合には、なんらかの不愉快なこと、あるいは暴力が起こることを示しています。人間の身体の場合、その「命令、要求」とは何でしょうか？　それは、「敬意と共感と思いやり」、です。

私たちは、この必要性が満たされないと、何か不愉快なこと、乱暴なことが起きるかもしれないという不安や恐怖を内面で体験します。この体験を、「情動的脅威」（Emotional Threat）と呼びます。そして、この「脅威モード」から行動すると、人間関係だけでなく、身体の健やかな成長や健康も損なわれます。なぜなら身体機能を維持するために必要なエネルギーが、「脅威」に対処することに向けられるからです。

身体的脅威の簡単な例は、「この仕事を完成させないと、ビンタするぞ」、といった身体的な罰です。少し前まではどこにでも見られたものです。昨今は、大人たちがこうした脅しは悪い影響を与えることを知って、ほとんど見られなくなりました。

情動的脅威（**Emotional Threat**）

情動的脅威は、たいへん微妙な体験です。情動的脅威は、「相手から、愛情や好意を差し控えられたとき、あるいは相手が落胆したことを見せられたとき（身体をそらす、などのちょっとしたしぐさであっても）」に起こります。そこには、敬意、共感、思いやりがありません。代わりに、「つながりを差し控える、つながる価値がない」ことを示す、ほのめかしがあります。

例：大人が一〇代のこどもにこう言ったとします。「あんな友達と出かけてはだめ。あの子たちはあなたにとっていい友達じゃないわ」。

この言葉は、こどもにはこう聞こえます。「あなたは、いい友達を選ぶ能力を持っていない。あなたが良い決断をすることは信じられない」。つまり、こどもは、「自分がその能力に欠けている」と聞くのです。このとき、こどもの内面には、「情動的脅威」が湧き上がります。

そのあと、大人は、こう言うかもしれません。

「もしあなたが、あの友達と一緒に出かけるなら、何か問題を起こしても、私のところに来ないでよ」。

こどもはこの言葉を聞くと、もっと強く情動的脅威を体験します。なぜなら、こどもは、「あなたは決断する価値がない、あなたは間違った判断をして、友達と行くことを選んだのだから、何か問題を起こしても、あなたは手助けされるに値しない」と聞くからです。

あるいは、大人はこう言うかもしれません。

「もしあの友達と出かけるのをやめて、家にいるなら、あなたが観たいと言っていた映画を借りてきて、私と一緒に観られるわよ」

これは、もしこどもが良い選択をすることができれば、愛情とつながりが提供される、という約束です。

こどもの耳には、これは、こう聞こえるでしょう。

「私が提供するものを選んで「自分には良い決断をすることができる、自分にはそういう決断ができる能力がある」ということを証明しなさい」

これらの相互作用はすべて、「条件付きの愛情・つながり・敬意・共感・思いやり」の例です。

このこどもが、それでも友達と出かけたとしたら、こどもが家に戻ってきたとき、大人は、愛情を示すことを控えて、数日間はたわいない会話をすることもしないでしょう。そして、その後もしばらくの間、会話からも関わり方からも、敬意、共感、思いやり、が失われるでしょう。

この間、こどもは、内面で緊張や締め付けられる感覚を感じるでしょう。これは、こどもが、「情動的脅威」「情動的操作」を体験したということです。

一連の相互作用には、人間の身体が基本的に要求しているもの――敬意を示し、共感し、思いやる、という過程を通して、お互いに本物のつながりを持ち続けたいという願い――が欠如しています。

以上、本書で使っているいくつかの言葉について、簡単に説明しました。読者のさらなる探索の一助となれば幸いです。

謝辞

心からの感謝を大宇宙に捧げます。あなたの信頼と励ましがなければ、これだけ大きなプロジェクトに手を出す考えも勇気も私にはありませんでした。

著述を生業としない私にとって、この本が最終的にどういうものになるのか、一人で書くとすれば何をしなければならないのか、まったく未知の世界に恐怖を感じていました。そんなとき、本書の編集にあたったロリエン・ホランドが現れました。彼女は適切な決断を下して、多くの情報をわかりやすくシンプルなものにしてくれました。深く感謝します。

イラストを担当してくれたのはウン・ジョアンナです。ありがとう。あなたが描いてくれた人物のおかげで本の内容がとても生き生きしたものになりました。

本書の中には、人生がもたらす多くの体験について、それらの意味を理解する、あるいは無意味にする、ことも書いてあります。私たちは誰でも、まわりの環境、親族、地域社会（太古からの意味で言えば部族）の影響を受けて育ちます。私にとっては、インド、マレーシア、祖父母、両親、義理の両親、兄弟、そして直接の家族がそうです。みんなに感謝してハグします。

過去の臨床家、とくに、カール・ユング、カール・ロジャーズ、バージニア・アクスライン、ジョン・ボウルビイ、そして、ピーター・ラヴィーン、フランシーン・シャピロ、モニカ・ジェフコット、ジェフ・トーマス、あなた方のおかげで私は人生に対する理解を深めることができました。ありがとうございます。

さらに、マレーシアの結婚・家族療法セラピストであるジョンベン・ロイ氏に感謝します。

私に、あなたたちとふれあう機会を与えてくれたすべてのこどもたち、大人、そして訓練生のみなさん、私を信頼してくれてありがとう。この本はヒューマンネス（人間であること）を発見する体験の集まりです。自分や他の人を理解しようとする方々の手に本書が届くことを願っています。

最後に、この旅路の大切な部分である私の夫とこどもたち、ありがとう。あなたたちの一貫した忍耐と寛容、応援にどんなに感謝しているかわかりません。繰り返し、みんなを抱きしめます。

私はつねに、「普遍的意識（ユニヴァーサル・コンシャスネス）」に深く感謝しています。このエネルギーは、人生を「体験する」内面の旅路を「断固」として応援しています。この旅、このプロセスは、自分の人間としての姿を認めて受け入れるものです。そこにはつねに笑いと涙（そしてこの間にあるものすべて）があります。

そして旅は続きます……

スッダ・クドゥバ

訳者あとがき

今年二〇二一年の一〇月一七日付の毎日新聞の社説は、不登校の小・中学生が昨年度一九万人を超えたことを取り上げ、「コロナと不登校―つながり守る対策が急務」と訴えている。

記事を読んで真っ先に頭に浮かんだのが「つながりを作るための基本となるのは、リスペクトです」という本書の著者の言葉だった。

東日本大震災以降、「絆」という言葉は日本社会のあらゆる場で見られるようになったが、「絆」＝「人とのつながり」が私たちにとってなぜそれほど重要なのか、ということは議論されてこなかったように思う。同時に、どうすれば「つながり」ができるのか、ということについても深くは探られてこなかったのではないだろうか？

著者は本書の中で、私たち人間は、進化の過程で、集団を作ることで厳しい環境を生き延びてきたために、つながりが切れる・つながりが拒否されることに対して非常に敏感であると繰り返し述べている。哺乳類である人間にとって、仲間がいないこと、誰ともつながっていないこと、孤独であることはサバイバルできないこと、つまり死をさえ意味することになる。それほど「つながり」は、私たちが生きるための基本的な条件だといえる。

では、大人がこどもと「つながる」ためには、こどもが大人との「つながり」を感じられるようにするには、どうしたらいいのか？　「つながり」とはたんに一緒に暮らしている、同じ教室で学んでいるということではないのは明らかだ。

著者は、セラピストとしてこれまでに優に九千時間を超えるチャイルド・セラピーを行い、その経験からこどもとの（大人とも）つながりを作る鍵となるのは「リスペクト（敬意を示すこと）」だと理解した。そして、こどもが敬意を払われていると感じ、受け入れられていると感じて、大切にされている、安心していいと感じると、脳が警戒を解いて、こどもの行動が「自然に」健全な方向に変わることを繰り返し目撃したという。

著者によれば、本来のリスペクトとは、「私たちが相手の話を聞いて理解したときに、相手に捧げる、価値を測れない貴重なもの」のことで、偉い人を見上げて尊敬するというような上下関係の中で起こるものではない。そういう意味では、私たち大人は、こどもを「リスペクト」するとは、実際にどのような関わり方や会話（非言語を含む）を指すのかを、初めから学ぶことが必要になるかもしれない。そして、理論的には理解しても実行に移すことが難しいときには、本書でふんだんに使われている具体的な相互作用のイラストが読者を助けてくれるに違いない。

また人によっては、そのような過程で、自分は果たしてリスペクトを与えられて育っただろうかと、幼少時をふり返って、考えこむ人もいるかもしれない。そして、自分の中に、思ってもいなかった自己否定の信じ込みが数多くあるのを発見するかもしれない（私もその一人である）。そのときには、第21章の「今も生きている記憶」を読むことで、自分に何が起きているかに気づき、最初につながるべき人物である「自分」とつながる道へと新たな一歩を踏み出すことも考えられる。

つい最近のことだが、二歳のこどもを持つ若い夫婦と知り合いになる機会があり、子育ての話を聞いている中で、「一番難しいと思うのは、どこまで厳しく、どこまでやさしく（甘く）したらいいかなんです」という言葉を聞いた。その瞬間、いつの時代も、私がそうだったように、子育てで難しいと感じる部分は同じなのかもしれない、と思った。そして、現在子育てをしている方たちに、これから子育てをされる方たちに、一日も早く本書を届けたいと切に思った。

著者は、自分の子育てに悩んだことから、セラピストになる道を歩んだ。昔ながらの伝統的なしつけをきちんとしていたはずなのに、こどもたちが自分から離れていくばかりだったということが本書の中に書かれている。

訳者にとっては、本書を訳す作業は、自分がこどもたちにした子育てを振り返ることになり、反省と後悔を最後まで突きつけられた非常につらい時間でもあったが、同時に自分が育った環境（親・家族・コミュニティ・時代・場所・文化）を理解し、自分の中のこどもに出会い抱きしめるという、自分そして他の人たちとの和解の旅でもあった。

最後に、本書のメッセージは、「つながり」を求める、どんな状況、どんな場所、どんな人にも通用する。

「人間の脳にとって敬意を払われることはきわめて重要です。私たちがどんなグループに所属しているにせよ、私たちは敬意を払われることによって、自分がそのグループに所属している、安全である、みんなとひとつであると感じることができるのです」（第1章より）

大人の私たちが、人と人との「つながり」こそが、私たち人類が哺乳類として進化し、生き延びることを可能にしてきたものであることを理解するなら、不登校のこどもたち、いじめている／いじめられているこどもたちの問題は、まさに人間としての「生存に関わる」問題なのだということが痛感されるのではないだろうか。

そして、著者がくりかえし、「ふだんの生活において、こどものまわりにいる私たち大人たちが、こどもの話に耳を傾けて、それを理解すること（意見を押しつけない・アドヴァイスをしないで）が、「リスペクト」であり、そのリスペクトを通じて、こどもたちは自分が、家族に、学校に、地域社会に受け入れられていると感じるのです」と言っている言葉を信じて、私たちが、「ふだんの生活の中で」「本物のつながり」を、こどもたちとも、まわりの人たちとも、作ることを始められたらと思う。それはまた、新型コロナウィルス感染を防ぐために人との距離を置くことを余儀なくされている現在の社会で育つこどもたちの、健やかな成長を手助けすることでもあるはずだ。

訳文に辛抱強く丁寧に手を入れていただいた春秋社の手島朋子氏に深くお礼を申し上げます。また、本書中のたくさんの会話を生き生きとした言葉にしてくれた息子の光にもお礼を言います。

著者のスッダ・クドゥバ氏には、翻訳に関して惜しみない協力をいただきました。深く感謝しています。

二〇二一年一〇月

穂積由利子

Books.［A. ミラー『才能ある子のドラマ：真の自己を求めて』山下公子訳、新曜社、1996 年］
Miller A. Demause. L.（1998）*Thou Shalt Not Be Aware: Society's Betrayal of the Child.* Farrar, Straus and Giroux.
Miller A. & Hannum H.（2002）*For Your Own Good: Hidden Cruelty in Child-Rearing and the Roots of Violence.* Farrar, Straus and Giroux.
Miller A.（2002）*The Truth Will Set You Free: Overcoming Emotional Blindness and Finding Your True Adult Self.* Basic Books.
Rogers C.（1961）*On Becoming a Person: A Therapist's View of Psychotherapy.* Houghton Mifflin , Constable.［C. R. ロジャーズ『ロジャーズが語る自己実現の道』諸富祥彦・末武康弘・保坂亨共訳、岩崎学術出版社、2005 年］
Rogers C.（1977）*Carl Rogers on Personal Power.* Delacorte Press.［カール・R・ロジャーズ『人間の潜在力：個人尊重のアプローチ』畠瀬稔・畠瀬直子訳、創元社、1980 年］
Rogers C.（1995）*A Way of Being.* Houghton Mifflin.［C. ロジャーズ『人間尊重の心理学：わが人生と思想を語る』畠瀬直子訳、創元社、2007 年］
Schucman H. & Thetford W.（2007）*A Course in Miracles.*［H. シャックマン・W. セットフォード『奇跡のコース』大内博訳、ナチュラルスピリット、2010 年］
Shapiro F.（2013）*Getting Past Your Past: Take Control of Your Life with Self-Help Techniques from EMDR Therapy.* Rodale Books.［F. シャピロ『過去をきちんと過去にする：EMDR のテクニックでトラウマから自由になる方法』市井雅哉監訳、二瓶社、2017 年］
Shapiro F.（1998）*EMDR: The Breakthrough "Eye Movement" Therapy for Overcoming Anxiety, Stress, and Trauma.* BasicBooks.［F. シャピロ『トラウマからの解放：EMDR』市井雅哉監訳、二瓶社、2006 年］
Siegel D.J. & Solomon M.（2003）*Healing Trauma: Attachment, Mind, Body and Brain.* W.W. Norton.
Siegel D.J.（2010）*Mindsight: The New Science of Personal Transformation.* Bantam Books.［D. J. シーゲル『脳をみる心、心をみる脳：マインドサイトによる新しいサイコセラピー：自分を変える脳と心のサイエンス』山藤奈穂子・小島美夏訳、星和書店、2013 年］
Siegel D.J. & Bryson. T.（2012）*The Whole-Brain Child: 12 Revolutionary Strategies to Nurture Your Child's Developing Mind.* Delacorte Press.［D. J. シーゲル・T. P. ブライソン『しあわせ育児の脳科学』森内薫訳、早川書房、2012 年］
Siegel D. J.（2015）*The Developing Mind, Second Edition: How Relationships and the Brain Interact to Shape Who We Are.* Guilford Press.
Silverstein S.（1981）*The Missing Piece Meets the Big O.* Harper & Row.［S. シルヴァスタイン『ビッグ・オーとの出会い』倉橋由美子訳、講談社、1982 年］
Smith D.（2013）*Monkey Mind: A Memoir of Anxiety.* Simon & Schuster.
Sunderland M.（2007）*What Every Parent Needs to Know: The Incredible Effects of Love, Nurture and Play on Your Child's Development.* DK.
Verny T. & Kelly J.（1982）*The Secret Life of the Unborn Child: How You Can Prepare Your Baby for a Happy, Healthy Life.*［T. バーニー『胎児は見ている：最新医学が証した神秘の胎内生活』小林登訳、祥伝社、1997 年］
Thich Nhat Hanh & Mcleod M.（2010）*You Are Here: Discovering the Magic of the Present Moment.* Shambhala Library.

参考文献

Axline V. M.（2011）*Play Therapy : The Inner Dynamics of Childhood.* Read Books.

Axline V.M.（1981）*Play Therapy.* Churchill Livingstone.［V. M. アクスライン『遊戯療法』小林治夫訳、岩崎学術出版社、1972 年］（邦訳は 1969 年版による）

Bessel van der Kolk（2014）*The Body Keeps the Score: Brain, Mind, and Body in the Healing of Trauma.* Penguin Books.［B. ヴァン・デア・コーク『身体はトラウマを記録する』紀伊国屋書店、2016 年］

Brown B.（2007）*I Thought It Was Just Me (But It Isn't): Making the Journey from "What Will People Think?" to "I Am Enough".* Gotham Books.

Brown B.（2015）*Daring Greatly: How the Courage to Be Vulnerable Transforms the Way We Live, Love, Parent, and Lead.* Avery, an imprint of Penguin Random House.

Dalai Lama & Ekman P.（2009）*Emotional Awareness: Overcoming the Obstacles to Psychological Balance and Compassion.* Times Books.

Ekman P.（1991）*Why Kids Lie: How Parents Can Encourage Truthfulness.* Penguin Books.［P. エクマン『子どもはなぜ嘘をつくのか』菅靖彦訳、河出書房新社、2009 年］

Ekman P.（2015）*Emotion in the Human Face.* Malor Books.

Erikson E. H.（1994）*Identity and the Life Cycle.* W.W. Norton.［E. H. エリクソン『アイデンティティとライフサイクル』西平直・中島由恵訳、誠信書房、2011 年］

Goleman D.（1995）*Emotional Intelligence Why It Can Matter More Than IQ.* Bloomsbury.［D. ゴールマン『EQ こころの知能指数』土屋京子訳、講談社、1996 年］

Hughes D.（2009）*Attachment-Focused Parenting: Effective Strategies to Care for Children.* W.W. Norton & Co.

Johnson S.（2011）*Hold Me Tight: Your Guide to the Most Successful Approach to Building Loving Relationships.* Piatkus Books.

Krystal P.（1994）*Taming Our Monkey Mind: Insight, Detachment, Identity.* Weiser.

Krystal P.（1995）*Reconnecting the Love Energy: Don't By-Pass Your Heart.* Weiser.

Landreth G.L.（2012）*Play Therapy: The Art of the Relationship,* 3rd Edition. Routledge.［G.L. ランドレス『新版プレイセラピー：関係性の営み』山中康裕監訳、江城望・勅使川原学ほか訳、日本評論社、2014 年］

Levine P.A. & Frederick（1997）*Waking the Tiger: Healing Trauma.* North Atlantic Books.［P. リヴァイン『心と身体をつなぐトラウマ・セラピー』藤原千枝子訳、雲母書房、2008 年］

Levine P.A. & Gabor Mate.G.（2010）*In an Unspoken Voice: How the Body Releases Trauma and Restores Goodness.* North Atlantic Books.［P. A. ラヴィーン『身体に閉じ込められたトラウマ：ソマティック・エクスペリエンシングによる最新のトラウマ・ケア』池島良子ほか訳、星和書店、2016 年］

Levine P.A. & Phillips. M.（2012）*Freedom from Pain: Discover Your Body's Power to Overcome Physical Pain.* Sounds True.

Levine P.A. & Bessel A. van der Kolk（2015）*Trauma and Memory: Brain and Body in a Search for the Living Past: A Practical Guide for Understanding and Working with Traumatic Memory.* North Atlantic Books.［P. A. ラヴィーン『トラウマと記憶：脳・身体に刻まれた過去からの回復』花丘ちぐさ訳、春秋社、2017 年］

Miller A.（1996）*The Drama of the Gifted Child: The Search for the True Self,* Revised Edition. Basic

■著者紹介

スッダ・クドゥバ *Sudha Kudva*

マレーシア国認定カウンセラー

認定EMDRセラピスト、国際プレイセラピー協会（本部英国）認定プレイセラピスト。プレイセラピー&クリエイティブアートセラピーの認定上級スーパーバイザー。

［教育］カウンセリング学（修士：マラヤ大学） 生化学（学士：マラヤ大学・マドラス大学）

EFT、前世療法、催眠、NLP、EMDR療法を駆使する。特に、EMDR療法家のRoger Solomon（EMDR Institute）、Sigmund Burzynskiの教えを受け、EMDR療法に必要とされる全課程を修了。こども対象のEMDRができる数少ないセラピストの一人。

3歳から80代まで幅広い年齢層のクライアントを対象に、摂食障害、線維筋痛症、強迫性障害、境界性パーソナリティ障害、過敏性腸症候群を含む、様々な精神的問題に対処している。

また、こどもや大人のセッションから、こども時代の日常生活における小さな相互作用の一つひとつが、どのような大人になるかに深く影響することに注目し、「有害な生活体験（Adverse Life Experiences＝ALE）」を与えることを避け、スモール・t・トラウマを作らないためのコミュニケーションの方法を広く社会に提案している。

■訳者紹介

穂積由利子 *Yuriko Hozumi*

会津若松市生まれ。青山学院大学英米文学科卒業。1999年まで20年余りカナダのトロント市に在住。ジャパン・コミュニケーションズ（翻訳・日系紙担当）に勤務。日本語学校（日加学園）の教師・校長を務める。訳書にウォーカー『バタードウーマン』（金剛出版）、マダネス『変化への戦略』（誠信書房・共訳）、キャラハン『TFT思考場療法入門』（春秋社）、アンドレアス『コア・トランスフォーメーション』（春秋社）、フィリップス『最新心理療法』（春秋社・共訳）、バクスター『植物は気づいている』（日本教文社）他。

CHILDHOOD MATTERS：
How We Adults Interact with Kids Makes a Big Difference
(Second Edition)
by Sudha Kudva

こどものスモールトラウマのためにできること
内面で何が起きているのか

2021 年 12 月 25 日　第 1 刷発行

著者――――――スッダ・クドゥバ
訳者――――――穂積由利子
発行者――――神田　明
発行所――――株式会社 **春秋社**
〒 101-0021 東京都千代田区外神田 2-18-6
電話 03-3255-9611
振替 00180-6-24861
https://www.shunjusha.co.jp/
印刷・製本――萩原印刷 株式会社
装丁――――――鎌内　文

ISBN978-4-393-36565-6　C0011
定価はカバー等に表示してあります